体育教学与发展研究

郑 祥◎著

吉林出版集团股份有限公司

U0507316

版权所有　侵权必究

图书在版编目（CIP）数据

体育教学与发展研究 / 郑祥著. — 长春 : 吉林出版集团股份有限公司, 2024.5

ISBN 978-7-5731-5179-7

Ⅰ. ①体… Ⅱ. ①郑… Ⅲ. ①体育教学—教学研究 Ⅳ. ①G807.01

中国国家版本馆 CIP 数据核字（2024）第 112311 号

体育教学与发展研究

TIYU JIAOXUE YU FAZHAN YANJIU

著　　者　郑　祥

出版策划　崔文辉

责任编辑　侯　帅

封面设计　文　一

出　　版　吉林出版集团股份有限公司

（长春市福祉大路 5788 号，邮政编码：130118）

发　　行　吉林出版集团译文图书经营有限公司

（http：//shop34896900.taobao.com）

电　　话　总编办：0431-81629909　营销部：0431-81629880/81629900

印　　刷　吉林省六一文化传媒有限责任公司

开　　本　710mm×1000mm　1/16

字　　数　210 千字

印　　张　13

版　　次　2024 年 5 月第 1 版

印　　次　2024 年 5 月第 1 次印刷

书　　号　ISBN 978-7-5731-5179-7

定　　价　78.00 元

如发现印装质量问题，影响阅读，请与印刷厂联系调换。电话：18686657256

前　言

随着时代的进步与社会的快速发展，体育教育在培养全面发展的个体中扮演着越来越重要的角色。体育教学不仅关乎到学生身体素质的提升，更在心理、情感、社交等多方面产生深远影响。因此，对体育教学与发展的深入研究，具有极其重要的理论价值和实践意义。

体育教学作为教育体系的重要组成部分，其目标是培养学生健康的体魄、积极的生活态度以及团队协作等综合素质。因此，探索新型的体育教学模式，激发学生的学习兴趣和积极性，成为了当前体育教学研究的重要课题。

本书从体育教学概述入手，介绍了体育教学内容和方法，并详细分析了体育教学的发展动态、体育教学思想的革新与发展、体育教学模式的革新与发展，并重点探讨了高校体育教学设计改革以及高校体育教学方法的改革与创新等内容。

本书在撰写过程中参考了大量的文献资料，在此对所有作者表示感谢。体育教学改革研究和探索的目的本来就是发现新的可用于指导实践的思想、理论，所以，本书中难免有与现存观点、理论的不协调之处。如有不妥，还望广大同人批评指正。

目　录

第一章　体育教学概述 …………………………………………………… 1

第一节　体育教学的概念和性质 ………………………………………… 1

第二节　体育教学的特点和功能 ………………………………………… 4

第三节　体育教学的原则和规律 ……………………………………… 12

第四节　体育教学的结构和原理 ……………………………………… 25

第二章　体育教学内容 …………………………………………………… 33

第一节　体育教学内容的

基本理论及特点 …………………………………………………………… 33

第二节　高校体育教学内容的划分和编排 …………………………… 38

第三章　体育教学方法 …………………………………………………… 40

第一节　体育教学方法概述 …………………………………………… 40

第二节　体育教学方法的手段 ………………………………………… 51

第三节　体育教学方法实践研究 ……………………………………… 73

第四章　体育教学的发展动态 ………………………………………… 92

第一节　体育教学目标的统一与协调 ………………………………… 92

第二节　体育教学内容的选择与开发 ………………………………… 96

第三节　体育教学方法的运用与创生 ……………………………… 100

第四节 体育教学手段的使用与创新 …… 102
第五节 体育教学模式的多元化发展 …… 107
第六节 体育教学的有效性与正当性 …… 112
第五章 体育教学思想的革新与发展 …… 116
第一节 现代体育教学改革的教育思想 …… 116
第二节 现代体育教学的发展分析 …… 123
第六章 体育教学模式的革新与发展 …… 126
第一节 体育教学模式的基本理论 …… 126
第二节 体育教学中典型的教学模式 …… 132
第三节 体育教学模式的改革与发展 …… 138
第四节 新型体育教学模式的构建和运用 …… 142
第七章 高校体育教学设计改革 …… 149
第一节 体育教学设计的基本理论 …… 149
第二节 体育教学设计的改革与发展 …… 158
第八章 高校体育教学方法的改革与创新 …… 165
第一节 高校体育教学中多媒体技术的应用 …… 165
第二节 高校体育教学中微课的应用 …… 187
第三节 高校体育教学中慕课的应用 …… 191
第四节 高校体育教学中翻转课堂的应用 …… 195
参考文献 …… 201

第一章　体育教学概述

第一节　体育教学的概念和性质

一、体育教学的概念

（一）教学的概念

为了更好地理解清楚体育教学的概念，首先可以先对教学的概念进行分析。总的来看，对教学的概念的理解，我们可以分为广义和狭义两个方面。

从广义的角度来看，教学是一种在某种特定形式下开展的教育活动。在这一活动中，负责传授某种知识或特定技能的教学者对受教者进行教育，以期让受教者获得这种知识或技能的活动。其中的教学者可以是教育者，也可以是某种知识的掌握者，所教授的内容可以是一种知识，也可以是某种技能。

从狭义的角度来看，教学是指单纯的学校教学，它由教师和学生两个教学主体协作完成，是以特定文化为对象的教与学相统的活动。在教学活动中，教师扮演着组织者和指导者的角色。有关教学的基本观念是教学是教与学的统一，教融入学中，而学有教的组织引导。

通过对教学两个方面的概念理解之后，基本可以总结出教学的概念是在教育目的的规范下，教师的教与学生的学共同组成的一种教育活动。

（二）体育教学的概念

在分析了教学概念之后，再将其与体育相结合，就基本能够认定体育教学的概念。由此可见，体育教学与教学有着很多相似的地方，它也是一种有目的、有计划、有组织地对学生传授知识和技能，发展学生的智力和体力，培养品德和形成个性的教育过程。只不过其教学的内容为体育相关知识与技能，当然教学方法也与其他学科的教学方法有所不同。

体育教学并不是一种随意的、随心而行的教学活动，更不是完全做游戏和娱乐活动，它需要很多要素的构成才可以被正常、合理、科学地开展。一般来说，体育教学主要由以下八个基本因素组成。

1. 学生

学生是体育教学的主体之一，没有学生就不存在体育教学，没有学生也就没有组织教学。总之，学生是体育教学中的主体因素，也是最活跃的因素。

2. 教师

教师是体育教学的主体之一，没有教师不可能存在体育教学，没有教师就没有体育教学中的“指导和组织者”。在现代体育教学中，体育教师已经不再是过去那种课程的忠诚执行者角色，而是在完成现有课程教学的基础上还要成为体育课程的建设者和开发者。

3. 教学环境

教学环境是支持体育教学顺利开展的各种软件、硬件条件的综合。良好的教学环境对体育教学起着积极的影响。体育教学中对于一些运动项目的教学对场地条件和设施有着不低的要求，相比其他学科的教学来说，体育教学对教学环境的要求更高。

4. 教学目标

教学目标是教师开展体育教学的基本依据，体育教学没有了目标就变成了无头苍蝇，难以向前发展。在体育教学实践中具有多层次的体育教学目标，它们是体育教学中的定向和评价因素。

5. 教学内容

教学内容是由内容的实体（课程）和内容的载体（教科书）共同组成的，它们是体育教师根据社会的要求、学科的体系和学生的需要选编出来的。如果没有教学内容，体育教学就显得空洞化了。

6. 教学过程

教学过程是教学的最中心因素，没有了体育教学过程，体育教学也就没有了时间和程序上的支撑，因此也就无从谈起教学的组织和管理。

7. 教学方法

教学方法与目标、教师、学生等因素有着密切的关系，它是教师根据教学目标和学生的学习情况所选择的有效的教学技术和手段，其中包含为帮助学生理去解学习内容的各种信息及其传递方式。

8. 教学评价

教学评价与教学目标、教师之间有着密切的关系，它是教师根据具体的教学目标所制定出的各种评价、考核指标，这些指标既包括教师的教学工作，也包括学生的学习情况。

综上所述，便可以总结归纳出体育教学的概念，即是指在学校教育中，由体育教师和学生协同完成的以传授体育知识和体育技能为手段，以增进学生身心健康，提高个人身体活动能力、自然和社会环境适应能力，培养良好的思想品德，促进个性发展为目标的教育过程。

二、体育教学的性质

在了解了体育教学概念后，就要对其另一项基本知识进行研究，这就是关于体育教学性质的问题事物的性质是与其他事物区分的最明显差异。性质不同的两种事物其带来的表象自然有一定的区别。就体育教学来说，正是因为它本身所具有的体育教学性质，所以才能明显区别于包括数学、语文、英语、艺术等其他学科。

因此，通过归纳可以找到体育教学的诸多特征，如它的教学地点多为户外；教学中师生都要承受一定运动负荷与心理负荷；教学过程是身体活动与思维活动的结合，并且还有比较频繁的人际交往；体育教学侧重于发展学生身体时空感觉以及运动智力；教学更加关注学生自我操作与体验等。

在体育教学活动中，最重要的一个形式就是对运动技能的教学，它是体育育人的主要方式。而对于运动技能的传授也是体育教学与其他学科教学的主要区别之一。仔细来看，运动技能的形成要经历几个步骤才能最终实现，其中具体包括动作的认知阶段、联系阶段与完善阶段。在认知阶段中，学生与知识、技能之间的联系最为密切，它的主要目的就是学生对所学技能的结构、要素、关系、力量、速度等要素进行表象化的认识。由于运动技术是学生完成动作的方法，因此可以认为运动技术不具有人的特性，而只是作为一种“知识”，或称为“操作性知识”。

综上所述我们可以断定，体育教学的本质应该是一种针对运动技术和知识的教学。当学生学会了运动知识并将之转化为运动技能后，体育教学的本质就达成了。当然，体育教学活动地点大多在户外的特点也是区别于体育教学与其他教学的特征之一，但现代体育教学场所通常在室内的场馆也非常多见，如果坚持把“户外”作为条件之一，未免有些不严谨和过于片面。

第二节 体育教学的特点和功能

一、体育教学的特点

体育教学与其他学科教学有许多相似的特点，它们的共性首先在于都属于教师与学生的双边活动，这是所有教学活动的共性，教师与学生在教学活动中发生的各种形式的交流都非常频繁，如语言上的交流和肢体动作的交流等。过往这种交流更多的是从教师向学生的方向，现代教学同样也注重使这种交流从学生向教师的方向，不过教学仍旧依靠教师对学生在某种知识和技能方面的传授。其次，以班级为单位开展教学活动也是共性，只不过有些时候这个班级的组成方式会根据不同需要有不同的编排方式，如可以根据基础的自然班，或是根据学生的不同兴趣组成的体育教学班等。最后，体育教学与其他学科教学的目的都是一样的，即都是为了传授某种知识或技能。

参加体育活动对于学生身心发展具有很好的作用，特别是对正处在身体发育旺盛期的青少年及儿童来说有更加重要的意义在结合体育教学的性质后，可以把体育教学独有的特点归纳为以下几点。

（一）教学过程的直观性

体育教学过程拥有直观性特点。这种直观性有多种体现，如体育教师对体育教学内容的教授除了要达到与其他学科教师讲解要求一致外，还要求体育教师的语言更加生动，并且还要富有一定的肢体表现能力，以使学生有形象、贴切、有趣的感觉。在某些拥有较难技术动作的体育运动教学中，教师一方面要把传授的重点进行艺术性的描述，另一方面还要用生动的语言、巧妙解释方法把复杂的技术动作简单化，提升学生对学习成功的自信心加深学生对教学内容的感知。

实际上，体育教学过程中的每一项内容都具有直观性特点。除刚才说到的课堂讲解，在实践演示中也是如此。在教师运用示范法时，需要运用非常直观形象的动作示范，其中包括正确动作的演示和错误动作的演示，这些演示都是非常直观地展现在学生眼前，并没有一丝做作。这样才能使学生从感官上直接感知动作的正确与错误，以利于他们建立正确的、清晰的运动表象。当学生获得正确表象后，他们才能使之与思维结合起来，从而达到掌握体育知识、技术和技能的目的，同时，还发展了自身的观察能力和形象思维能力。

从体育教学组织与管理过程方面，也能够看到直观性的特点。鉴于教学过程的直观性，教师的行为也应该带有直观性，如要更加富有责任心、为人师表、德高望重，这对学生的身心也是种无形的教育。另外，直观性特点使得学生在课堂的表现都是最真实的、最直接的，任何伪装在体育教学活动中都是毫无意义的。因此，学生在教学中表现出来的言行都是他们最为真实的一面，而这就非常有利于体育教师对学生的观察与帮助，有利于教师获得正确的教学反馈。

（二）体育知识的传承性

体育是以身体锻炼为主要形式的教育活动。如果从教与学的角度来说，可以将体育知识形容成一种“身体的知识”。这种知识伴会随着人类的发展而发展，在不同时期都有它的发展形势，如在原始社会，身体的知识就是人类通过走、跑、跳、投、打等动作捕获猎物或逃避猛兽的追捕等行为。而在现代社会中，体育知识的传承内容变成了某项体育运动或体育技能，如足球、篮球、排球、乒乓球、游泳、田径和武术等专项运动技能。

现代教育越发注重教学过程中学生的主体性作用和“以人为本”的教育理念。人们对这种理念的追求使得人类自我知识的归不仅代表了体育教学的特殊性，还给予了体育教学知识传承的特殊意义。从这个层面来看，这种体育教学所传承下来的体育知识已经超越了简单的模仿行为，而将更多的相关文化也融入其中。这些体育文化才是体育运动、体育教学等获得长久传承的动力和灵魂。

（三）身体活动的常态性

体育教学与其他学科教学的最大不同就在于在体育教学过程中充满了对身体活动的要求。在体育教学中，几乎所有内容都涉及到身体活动，或者是为即将到来的身体活动做准备的活动，就是对作为“身体知识”的体育教学的最好诠释。在体育教学过程中，不仅是学生要进行具有一定运动负荷的运动外，教师在做示范、做指导和参与到组队教学赛中也需要付出不少体力。所以体育教学身体活动常态性的特点不止针对学生，它还包括所有体育教学主体。

由此可见，在体育课堂教学过程中，教师与学生的身体操练非常频繁，这种几乎与常态化的特点成为体育教学非常显著的特点。与之相比，其他学科的教学必须要在教室 (实验室、多功能厅) 进行，且要保持相对的安静，这样才能激发学生的思维并产生很好的学习效果。而体育教学却刚好与之相反，其教学的地点多为户外或专用运动场馆，普遍较为宽阔，而且在大多数时间的运动技术练习环节并不需要保持安静，学生之间、学生与教师之间都可以随时有相关的交流和沟通，如此才更有利于对运动技术的学习。

（四）身体与心理统一性

在许多人的概念中，身体与心理是两种不同的事物，彼此间并没有很多的交集。实则不然，现代科学研究发现，身体健康有助于改善心理健康，而心理健康与否也可以影响身体健康好坏。另外有一种观点认为开朗的人热爱体育运动，而事实上则是因为人参加了体育运动，才开始变得开朗、阳光的。这就是典型的运动改变心理的事例。因此，在体育教学活动中就充满了身体与心理统的特点。

体育教学在乎对人身体的改造，与此同时它还强化人的心理与多种适应能力的发展。而在其他学科的教学中便无法达到这样的效果，这主要在于体育教学营造了不同种类的教学情境，这种情境表现出了十足的阳光、生动、积极、外露以及直观的感觉。一系列积极的情境使得参与其中的人在潜移默化中受到感染，以此为学生的心理与社会适应能力的健康发展提供了良好的环境。

由此可以说，在体育教学中，人的身心发展看似是多元的，但实际上在过程中是一种一元化的锻炼，即达到身体与心理的共同拓展和发展，表现出十足的统一性。身体发展是基础，心理发展依赖于身体的发展而存在，心理的发展同时促进身体的发展。具体来看，在体育教学中人的身体与心理的统一性主要体现在以下两个方面。

1. 体育教学的教材内容选择要注重身体与心理统一

体育教学内容是体育教学活动的依据。教学内容的好坏将直接影响到教学效果。因此，为了体现出体育教学身心统一的特点，首先就要从教材选择环节开始，也就是说，选择的教学内容要对学生身体各部分、各种运动能力和各种身体素质的积极影响，而且要注重教材对学生心理及其社会适应力的影响，所选教材的编排也要符合该年龄段学生的心理特点，除此之外，还要满足其美学、社会学等其他方面的要求。

2. 体育教师选择的教学方法要注重身心统一

由于与其他学科教学相比增加了更多的内容，因此，相应地，体育教学的方法也就更加丰富。选择体育教学方法主要是由体育教师进行的，为了使体育教学保有身心统一的特点，体育教学方法的选择就要关注到这方面的内容。通常为了体现这一特点，体育教师选择的教学方法都要遵循与学生年龄段相适应的身心变化规律，使学生在经常进行的体育教学活动中学习到正确的体育技术和技能，学生掌握这些技能的成长曲线并不是一路上涨的，而是有忽高忽低、忽快忽慢的过程和起伏。另外，体育教学方法的选择还应符合学生的心理特点和年龄特点。与对体育技能学习的规律相似的是，学生在接受教学的同时其心理活动也会呈现出波浪式起伏的曲线现象。这种生理、心理负荷波浪式的曲线变化规律，体现了体育教学鲜明的节奏性和身心的和谐、统一性。因此，要想选择正确的、适合学生身心发展的体育教学方法，体育教师就必须根据学生的这些诸多身心特点安排，如此才能在促进学生身体发展的同时，有效激发学生的积极性和兴趣爱好，更有效地发挥体育教学的功能。而根据不同阶段学生的身心特点选择恰当的教学方法也是评判一位体育教师综合水平的重要依据之一。

（五）教学内涵的优美性

体育教学内容是非常丰富的，它会涉及多种与体育相关的内容，不仅仅限于球类运动、游泳、田径，还包括如体育舞蹈、瑜伽等内容。通过对这些内容的学习，学生可以普遍从中体会到源自体育的丰富情感，这种情感几乎都从“美”中而来。

体育教学内容丰富的情感性首先体现在体育教学过程中，师生可以体会到只有体育才能赋予人的人体美和运动美。学生通过接受体育教学，掌握体育健身的方法和技能，以此来达到运动塑身的效果，使身体外在形态保持优美的线条和良好的身材比例同时，在运动中，可以看到人体不同的动作展现出的动作美和肌肉的动态美，这种美只有在运动中才能看到，是极为外显的美在内在精神方面，体育教学也蕴含着“美”的元素，如学生为了争取比赛的胜利而表现出的不畏强敌、奋勇争先的精神；在关键时刻始终保持着冷静的心态，或是在运动过程中表现出谦虚、文明和有道德的风度等。

既然有美的存在，那么就要有欣赏美的人和能够欣赏美，懂得如何欣赏美的能力。每一项运动都向人们表现出了不同的美的特点和审美特征，如球类运动可以表现个人对球类技术的掌握能力，集体球类项目中除了个人能力外，还包含了与队友之间的协作和互助精神。这些内容都是人类积累下来的体育知识与技能，体育教师通过科学的概括和提炼，将其精髓传授给学生，意在使学生也能感受到体育中蕴含的美，并学着去享受它、感悟它体育之美首先给人的最大作用就是陶冶情操，平衡人们的心理状态。并且，体育教学是一种创造性的社会活动，其创造的成果就是让学生获得内在的顿悟和精神上的启迪。同时，体育教学中教师和学生之间有一条无形的通道联系着，构成了教与学的系统。教师在传授知识的过程中，伴随着师生间丰富而真诚的情感交流。

（六）客观条件的制约性

正是因为体育教学涉及的内容较多，再加上与之相关的构成要素也同样较多的缘故，也就使得体育教学会受到更多客观条件的制约，而这也是体育教学不同于其他学科教学的一大特点具体来说，体育教学活动受到的制约主要如体育教学场地条件、器材、气候、学生运动基础、学生其他基本情况（年龄、性别、生理和心理特点）等。这些因素都会影响体育教学质量的高低。

学生是体育教学的主体之一，是体育知识与技能传授的受众。从这个角度来看，学生的诸多情况会对教学本身造成一些影响，因此体育教学要想进行得顺利，获得良好的教学就要注重在学生的运动基础方面以及体质强弱等实际情况的区别对待。这些差异具体如男生与女生不同的身体形态、机能水平、运动能力等，根据这些差异，学校体育教育部门和体育教师在进行教学设计、教材选择和教学组织等方面的制定时就要充分考虑周全，否则最后不仅不能达到预期的教学效果，还可能会增加体育教学的风险。

体育教学环境是体育教学的场所。作为重要的教学载体，体育教学环境质量的高低对体育教学会产生较大影响。通过几个事例就可以很好地说明这个问题，如经常在室外开展的体育教学，如果面临的是邻近马路带来的噪声污染则势必会影响体育教学主体在教学活动中的状态与情绪；天气对于室外体育教学的影响也是不能忽视的，这点在早年间越发明显，如遇到雨、雪、大风等恶劣天气时，体育教学就会被迫停止，转而来到室内进行一些体育理论课的教学，如此势必影响体育实践课的教学计划顺利展开。

综上所述，在诸多客观条件的制约下，为摆脱不利条件的影响，体育教师就要从学年的体育教学计划到具体课时计划，从教材内容选择到教学组织方法实施都必须考虑到这些客观实际与影响因素，尽量将制约因素的影响程度降至最低，提高体育教学的质量与效果。

二、体育教学的功能

（一）促进身体发展的功能

学生亲身参与体育运动实践在体育教学活动中是必不可少的。而既然参与运动实践，那么就必然会使身体承受一定量的运动负荷。为保证学生身体的健康，运动负荷强度需要由体育教师酌情掌控。

合理的运动负荷对发展学生身体素质有极大的帮助，它对学生的机体或多或少会产生一定的刺激与影响，其影响的程度要视运动项目的内容、学生身体素质、持续运动的时间、运动间隙时间、营养补充等状态而定。而不同运动项目对身体的锻炼重点也有很多区别，如足球运动对人体的耐力、爆发力、速度和灵敏度有着较高要求；游泳对人体心肺功能和协调能力有较高要求等。由此认定体育教学具有促进身体素质发展的功能是毋庸置疑的但同时也要注意的是，如果运动负荷过大，那么体育运动不仅对身体健康没有好处，反而还会伤害学生的机体。为了把握合理的运动负荷，就需要体育教师在制订教学计划前就要对学生的普遍体质与运动基础有一个基本清晰的认识。因此，从体育教学影响身体功能的角度而言，要有效发挥体育教学健身功效，必须遵循体育教学的规律，运用科学的教法与组织形式，才可能达到预期的效果。

（二）促进心理健康的功能

世界卫生组织确定的现代健康新标准中明确认定了心理健康也是评定人体健康的指标之一，我国自古也有“身心合一”的理论。经过长期的实践发现，体育教学在对学生身体产生积极影响的同时也会对学生的心理与思想产生一定影响，这方面的影响与其他学科既有共性，也有差异性。体育教学促进心理健康的功能主要是通过教师传授来实现的，因为教师的一言一行无时无刻不影响着学生的思想，因此，教师必须身体力行、为人师表，为学生做出表率与榜样。这些行为都是在潜移默化中进行的，而不是安排几堂心理辅导课。教学更为重要的作用是传授各种人类社会的道德、规范与理念，这是学生走向社会之前的必学内容。

具体来说，体育教学对学生心理的影响主要包括个人心理与团体心理两个方面。

从个人心理方面看，体育活动一方面可以缓解学生的学习压力；另一方面，参与体育运动就要频繁地面对成功与失败，其中失败和挫折的次数远远多于成功。由此可以培养学生在逆境中正确处理自身心态的能力，作为胜利者也要做到戒骄戒躁，只有具备这样的素质，才能再接再厉，取得成功。

从团体心理方面看，学生作为体育运动团队中的一员，需要处理好个人利益与集体利益的关系，应抱有克服一己私欲，顾全大局的思维谨慎行事。

（三）提升社会适应的功能

现代社会的发展速度非常迅速，这使得人们稍有停留便会被潮流所抛弃。对于青年来说，紧跟社会潮流，并且在跨入社会后能够与之较好地融合、适应是非常关键的。这是体现人的软实力的标准之一。在体育教学中，学生之间的交往具有特殊性、外显性与频繁性，学生在多样的体育活动中会产生多种身体之间的交流，交流的同时也传播着各种体育竞赛的规则，竞赛规则就好似社会规则，需要人人自觉遵守。由此可以说，体育教学环境就像是一个微缩化的社会，这个社会赋予了学生之间需要遵循的各种规则与准则。若不遵循，必然受到相应惩罚；若表现突出，则得到表扬称赞。执行这个法则的人就是教师。因此，教师必须公正，才能对学生产生良好的影响，培养学生良好的体育道德规范，进而培养学生适应未来社会的各种道德规范与做人理念。

（四）传授运动技术的功能

在远古时期，运动技能就等同于生存技能。那时的人类通过走、跑、跳、投、打等行为捕猎和采摘，已获得生存的能量。而现代社会早已物质丰盛，对于人体的要求就不再像过去那样严格。现代运动技术也演变为了丰富的体育运动技术，如球类、武术、田径和游泳等。科学研究表明，适当参加体育运动对人的身心素质提升均有较大帮助。最终，体育教学就成为传授这些运动技术的最好方式。

从具体的实践角度来分析，学生们每周都要参加的体育课堂就是体育教学的最小单位，体育课堂的基本活动过程就是体育教师以体育教学内容为依据对学生传授体育知识与相关技能的双向信息传送活动。因此，运动技术就成为体育教学的主要内容，同时也是重要内容。运动技术不同于其他学科的学习，它不仅需要学生对运动理论有深刻的了解，还要身体力行地亲身去参与技术练习，在无数次的重复中逐渐在脑中和身体上建立起对技术的表象反应，最终到熟悉动作以及可以在下意识的情况下做出正确的动作。因此，对于运动技能的训练，没有实践就无法学会。

对于运动技术的传授，体育教师是关键。作为运动技术的掌握者和传播者，教师在体育课中传习的是各项具体运动技术，如足球运动中的传球技术，甚至可以细分到内脚背传球技术。其他运动项目的技术传授也可以依此类推。体育教师对运动技术的传授通常都会从简单的、入门的、基础的入手，在此之后逐渐积累，循序渐进，只有从小的运动技术学起，才能积少成多，慢慢掌握整个运动项目的技术。

（五）传承体育文化的功能

体育教学并不仅是简单地对于体育运动技能和相关知识的传授活动，这些只是表面上的行为，而体育教学真正的目的在于教会学生正确的体育运动方法使其能在未来的生活中对其身心产生持续的良好的影响，更在于一种体育文化的传承。

从体育教学的系统结构视角出发，体育教学是由每周两至三次的体育课组合而生的一种贯穿全年的教学计划。其中根据教学周期的不同可以分为课程教学、周教学、学期教学和学年教学。比学年教学周期更长的就是小学体育教学、初中体育教学、高中体育教学和高校体育教学。

从单一一堂体育教学课的视角出发，可以把体育课中传习的各种小的运动技术累加起来，学生学到的是某个运动项目的完整技术，不断累加，就学到了各种运动技能。

综合两种视角，使得学生通过不同阶段的体育教学，学习到较为完整的运动知识、运动文化，掌握各种运动技能，从而实现体育教学传承体育文化的功能。

第三节　体育教学的原则和规律

一、体育教学的原则

原则，即人们说话办事依据的准则和标准。教学原则，则是根据各种不同的教学因素，把同类性质的因素加以科学的抽象和概括而形成原则（直观性原则、自觉性原则和教育性原则等）。体育教学原则，是体育教学过程客观规律的反映，是在长期的体育教学实践中，所积累起来的，具有普遍意义的经验的总结和概括，是体育教师进行教学工作必须遵循的准则。体育教学原则其他的原则不同。同样，体育教学与其他的教学也不等同。二者最根本的不同在于体育教学突出认识和实践。从而得出，认识和实践的有机统一是体育教学区别于其他教学过程的根本特征。然而最终的目的是，希望教师合理的运用体育教学原则，从而促进学生的身心健康全面发展。

（一）体育教学原则的运用

体育教学原则保证体育教学的顺利进行，所有的教学原则相辅相成。

1. 直观性原则

对于直观性教学，要求教师给予学生一个正确的直观概念。教师应抓住重点，生动形象、语言简短明了地去进行讲解，可以让学生反复地进行一个动作的练习，使学生的感觉器官建立暂时的神经联系，形成正确的动作定型。比如在练习太极的过程中，太极“抱球”的手势，将这一动作传授给学生，使手掌的五指分开假设双手之间抱着一个球，我们可以运用到这一原则。对小学生而言，其模仿力较强，对这一原则，是最为有效的原则之一。

2. 巩固性教学原则

这一原则，有助于学生动作的熟练和形成更加标准的动作。目的就是能多加练习，形成一种肌肉记忆一样，再到熟能生巧。比方，在篮球运动项目中，学习篮球运球、急停、转身、传接球时，为了巩固转身这个动作，我们可以把急停、转身、传球贯穿进去。三天不练手生，如在网球教学中，长时间不练网球发球，随之抛球的稳定性、发球的成功率均会下降，此时就需要多加练习去进行巩固，这一原则尤其是对刚接触项目的学生而言，巩固练习，形成正确的技术动作。

3. 合理的运动负荷原则

这一原则要求教师在上课期间根据教材的特点、教学条件、考虑学生的实际情况、合理的安排教学内容。使学生不仅能更好地掌握技能还能促进其身体的健康发展。教师需要合理的安排运动量和运动强度。通俗来讲，这里的运动量与运动强度并不是同一概念，运动量指的是次数、组数、重量时间等，而运动强度指的是完成练习的所用的力量的大小，比如负重的重量、跳的高度、跑的距离等，合理的安排运动量与运动强度，量大则运动强度小，若运动强度太大，则相应减少运动量。保证在学生承受最大疲劳限度的情况下并根据实际情况来合理安排。

4. 循序渐进原则

循序渐进原则，从字面就表现出由简到难、由一般到复杂的过程。逐步进行，不断提高。比方网球的正手击球，首先就要从握拍开始，到准备姿势，到引拍上步，再到挥拍，再到准备姿势这样一个完整的过程，练习者开始可以做无球的动作练习，再做有球的原地击球动作练习，最后再做有球移动的动作练习，这样逐一练系，逐步进步。

5. 启发式教学原则

采用启发式教学可提高学生学习的积极性，调动学生的积极思维，加深学生理解和认识、牢记动作、少出现反复。启发学生主动去思考去领悟。比方在排球发球的教学中，通过生活当中甩鞭子的一个动作，启发学生做发球动作时一次用力地发力顺序，或将其用于标枪等投掷项目当中，使学生能够做到举一反三，培养学生自学的能力。运用启发性原则，开发学生智能，调动了学生学习的积极性，科学地进行训练，取得事半功倍的效果。

此外，教学原则还有因材施教原则、超负荷原则、恢复原则等等，无论哪一种体育教学原则，目的都是从学生的根本利益出发，提高学生的身体素质，促进学生的健康发展。

体育教学原则体系将随着社会的不断发展、教育学、心理学等相关学科的发展也随之不断发展。近年来，随着新课改不断深入开展，一套套新的体育教育原则也在不断应运而生。我们应把体育教学原则通俗地贯穿到教学中去，使学生能够更容易接受、理解，达到自觉练习的目的，开发学生智能，提高学生的体能素质，促进学生身心健康全面发展。

二、体育教学规律

体育活动，就是通过各种体育运动小组的活动和比赛，以及参加群体性的体育活动，使受教育者的身体能够得到多方面的锻炼，增强运动的技能和技巧，提高体育锻炼的兴趣。在我校的体育课教学中，我们着力探索体育教学规律，努力丰富体育课程内涵，体育教育教学因此取得了一定成效。

（一）探索规律组织体育教学

如何组织好小学体育课的教学工作，更好地为教学服务，是体育教学中的关键问题。

首先，教师要把握体育课自身特点，即通过身体的各种练习，使体力活动与思维活动紧密结合起来，掌握体育知识、技能和技巧。要遵循体育教学过程的规律，根据教学内容和学生情绪的不同，灵活组织教学。

其次，遵循体育教材特点，组织教学活动。小学体育包括田径、球类、技巧、武术、体操等多种教材，不同的教材有其不同的特性。因此，教师在教学中要善于把握教材特点，挖掘教材潜力，改革传统教学形式，充分调动学生学习主动性和创造性，提高教学效果。

最后，体育教学不仅要遵循体育规律，还要遵循儿童身心发展规律。要根据儿童的生理和心理特点，如有意注意时间短，兴奋过程和无意注意占优势，好奇、好动、好模仿、好竞争等现象来组织教学。

（二）丰富内容推进素质教育

体育教育是素质教育的有机组成部分，体育教育之目的就是通过初步学习和掌握体育的基本知识、基本技术和基本技能，完成锻炼身体、提高思想道德水平的任务，从而有效促进素质教育。

从体育活动的性质上来说，有利于发展学生的特长和才能。学生在活动中自己教育自己，有利于学生自觉地去接受教育，养成良好的纪律和高尚的思想品德。

从体育活动的组织上来说，形式多样，不拘一格，有利于学生的身心发展，有利于培养学生的观察力、思维力、想象力、创造力，有利于提高体育活动质量，提高学生素质。

从体育活动的目标培养上来说，要培养学生“三种意识”“四种能力”。所谓“三种意识”就是培养学生的参与意识、实践意识和竞争意识；“四种能力”就是观察力、注意力、记忆力、想象力。

（三）加强爱国主义教育

一是通过体育教学活动培养学生的集体意识，增强爱国热情。由于体育教学的特殊性和组织方式的多变性，容易导致集体与集体，个人与集体的频繁接触，学生对集体间的竞争和对抗，胜与负比较敏感，情感流露比较真实。根据这个特点，我们积极帮助和引导学生树立正确的集体观念，正确对待个人与集体,集体与集体之间的关系,培养团结协作,互相配合的集体主义精神。

二是联系相关事物，引申教育内容。针对小学体育教材思想性不明显的情况，我们通过引申教学内容，来加强爱国主义教育。如，在“快速跑”这一教学内容中，我们融入了“时间”概念。教师通过开动手中的秒表，把分分秒秒报给学生听，让学生能够体会时间和空间印象，然后将时间所包含的经济、文化等价值和学生分享，即通过珍惜时间，给国家创造财富，培养学生的时间观念。以此来培养学生兴趣，丰富学生知识，激发学生的爱国热情。

（四）体育教学风格形成的基本规律

所谓教学风格，是指教师根据各自的优势、特长，结合教学的具体情况，经常采用的一整套个性化的独特教法，以追求最佳的教学效果为目标。在体育教学中，形成独特的个体特征教学风格，是体育教师进入高层次教学境界的重要标志。它对学生学习态度的形成、个性特征的培养、学习氛围的创建、合作精神的养成等都有积极的作用。教学风格是体育教师在创造性劳动中逐步建立起来的“独特教学模式”，在建立的过程中既能体现出教师的教学思想、教学意识、教学技巧等内在的东西，又能表现出教学的教学行为、教学形式、教学效果等外部的特征。

1. 体育教学风格的基本特点

（1）突出个体性

体育教师的个性心理特征对教学风格有直接影响。如偏于多血质气质类型的教师，情感丰富，教态亲切，善于启发诱导学生，教学中反应敏锐，方法多样，因此，可以称谓“民主型”教学风格；北京王仲生老师的“以心导教，心动身随”具有这个特点。偏于胆汁质气质类型的教师，情感浓烈，作风果断，教学中兴奋性高，富有激情，动作幅度大，感染力强，因此，可以称谓“激情型”教学风格；但当学生练习出现问题时，教师更容易表现出急躁发火现象。而黏液质气质类型的教师，一般性情清高，教态稳健，教学中往往含蓄深沉，简洁明了，因此，可以称谓“沉稳型”教学风格；但有时也会降低学生的学习兴趣。作为教师应有意识地发挥自己教学风格上的优势，克服不利因素，从而使个性心理特征与教学风格组成最佳的结合。

（2）追求稳定性

体育教师的教学风格一旦形成，将有相对稳定的特征。这是由教师的个性心理特征、知识结构、文化素养、工作环境、社会赋予的要求等所决定的。知识结构、文化素养的不同，都会直接影响到教师的思维模式、教学理念和治学特征，因而最终会孕育不同的教学风格。教师教学风格的形成应有一个较为宽松的社会环境、有一个良好的研究氛围、有一个灵活的教学空间，只有这样才有助于教师开创性的工作，形成其各自特有的教学风格，克服“高度统一”、“千人一面”的现象。专家们对王仲生、蔡福全老师教学特色的概括，是二位老师几十年的教学经验积累，具有相对的稳定性。稳定的教学风格有助于教师在相对的工作状态下进行教学，有助于学生在一定时期内逐步适应教师的教学风格，较好地理解教学目标，取得最佳教学效果。

（3）实现创造性

体育教师教学风格的形成，是一个长期实现创造性工作的过程。大量实践经验证明，教师教学风格的形成是有规律可循的，即未有风格、形成风格、打破风格、形成新风格。这种良性循环需要教师创造性地开展研究工作。当然，创造性的研究工作是随着教师教学经验的积累、知识水平的提高、职业要求的深化、学生需求的变化等情况而进行的，往往是自觉与不自觉相结合的。如小学阶段的教学，以养护为主，参与意识和锻炼并重，注重培养兴趣，教学中较偏重引导、游戏形式的教学，因而易创造出“启蒙、生动、亲切”的教学风格。而初中阶段教学，让学生在多种多样的运动条件下能够有意识地去活动，充分体验体育的乐趣。高中阶段教学，偏重于教会学生运用体育手段和方法，进行独立锻炼，进一步培养锻炼习惯。因而易创造出“严谨、规范、民主、生动”的教学风格。

2. 体育教学风格形成的过程

（1）模仿阶段

初为人师，有几个角色需要转换，即由学生向教师的转换、由过去的“学”向现在的“教”的转换、由被动的被人管理向主动的管理别人的转换、由随意的行为向规范的行为转换等。作为青年教师从主观上都有搞好教学工作的良好愿望，但往往又苦于角色转换较慢、教学经验不足，而无法达到预计的教学目标。那么，最直接、最有效的办法就是模仿，模仿老教师的教学风格。一般模仿是从局部开始的，然后逐渐向全局扩散的，或先是形式的，后是内容的。如当一组好的教法和组织形式被青年教师模仿使用取得明显效果的时候，有心人就会进行一定的反思，分析这种事半功倍所产生的原因；如果套用相同的方法和形式教授不同的内容，也不会产生好的效果，此时一定要分析造成牵强附会的原因。

（2）选择阶段

青年体育教师在模仿老教师教学风格的基础上，已对不同的教学风格类型有了大致的了解，开始对自己感兴趣的教学风格进行选择。一般来说，青年教师首先选择的是与自己专业或专项相关的教学风格。这样更利于发挥专业特长，反映自我风格特点，体现了“一专”的要求，在以往的毕业生中专业体育院校表现得较为突出。其次是选择与自己专项有一定联系的教学风格，因为学校体育教学的内容很多，只靠专项教学是不够的。按照教学大纲要求，每位体育教师必须对所教授的内容有透彻的理解和掌握。所以要在专项的基础上扩充其他内容，同时必然涉及不同类型的教学风格。随着看课、观摩、分析课、研究课的增多，以及接触不同年龄体育教师的增加，选择的范围也在加宽，以体现“多能”的要求，在以往的毕业生中师范院校体育系表现得较为突出。

（3）定向阶段

当体育教师对众多教学风格特点有了较为清晰的认识后，还必须要找准自己的定位，如何扬长避短的开展教学，逐步形成独特风格是十分重要的。一般讲，可以根据自己的知识结构、文化素养确立教学风格。如知识面较宽的教师，教学讲解中能够旁征博引、挥洒自如，其教学风格必然呈现“洒脱流畅、生动活泼”的特点；而知识结构以专深见长的教师，教学中能层层递进，分析问题如抽丝剥茧，其教学风格也更为“深沉隽永”。教师也可根据自己的气质类型确立教学风格，气质是个人心理活动的动力特征，这种动力特征主要表现在心理过程的强度、速度、稳定性、灵活性及指向性上，气质对教学风格的确立和形成具有深刻的影响。另外，还可以根据治学领域的特点确立教学风格，治学领域的“土壤”不同，必将培养出各异的“风格之树”。

（4）创新阶段

体育教师教学风格的形成，实质是一个不断创新的过程。教师的教学风格一经确立，便以一个相对稳定的状态表现出来，但并不是一成不变的。教学实践证明，教师教学风格的变化是一种螺旋式的上升。这与教育内涵的扩展、教学内容的更新、学生需求的变化、教师教育理念的提升有密切的关系。其中教师教育理念的提升是最为重要的，只有观念的更新、意识的超前，才可能带来行动的创新。一种教学风格的形成，蕴涵着教师的创新意识、创新思维、创新能力、创新活动等。近年来，全国十城市优秀体育课观摩大会上所展示的优秀课，集中反映了我国中小学体育教学改革的最新成果，代表了广大体育教师的创新活动。

综上所述，体育教学风格是体育教师在创造性劳动中逐步建立起来的“独特教学模式”，在建立的过程中既能体现出教师的教学思想、教学意识、教学技巧等内在的东西，又能表现出教学的教学行为、教学形式、教学效果等外部的特征。体育教师教学风格形成于长期的教学实践，发轫于艰苦的探索，是教学一般规律与个人教学实践相融合的产物，是教学内容与教师灵感的交融升华，是教师个人创造性思维的结晶。教育管理者应善于发现和树立有“独特教学模式”的体育教师，创造性开展工作。

（五）注意规律在体育教学中的运用

在教学中我们常常会遇到学生注意力不集中问题，它是困扰教学效果的主要因素，学生是否集中注意听课，和教师的讲课有很大关系，优秀的教师一定是课堂上的焦点，他的一言一行能吸引所有学生的注意，使学生在课堂上的心理活动集中指向与他，注意是教师与学生的之间教与学的一个关键的心理活动，有一个磨合过程，这个过程它直接影响着师与生，教与学的默契，也影响着教学质量，学生良好的注意品质是教师在长期的教学训练中培养和发展起来的，利用注意的心理规律上好体育课，传授体育基本知识、基本技术和基本技能则是我们教师探索和研究的方向。

1. 运用无意注意的规律组织教学

（1）合理利用刺激物的特点来组织教学

根据条件反射的强度规律，刺激物在一定限度内的强度越大，就越能引起人的注意，课堂上影响学生注意力分散的诱因有很多，一切刺激物都会干扰注意力，因此我们要正确区分刺激物的良莠，新的教材、讲解的趣味、示范的优美、器材的新鲜感等都会激起学生的良性注意，尽量消除不良刺激物对教学的影响。

（2）采用不同的教学方法，吸引学生的注意

体育教学不同的教法可以转移学生的兴趣，变换教法能使学生从一个兴趣点转移到另一个兴趣点，不断激发学生的兴趣，是吸引学生注意的前提，因此教师在体育教学中充分利用这些条件，启发学生思考，分析动作之间的内在联系，集中学生的注意，便于领会动作要领，掌握运动技能，组织学生身体练习时，还要注意变换方式，可采用竞赛、游戏的形式启发学生学习体育知识技能，调动学生积极性，会收到较好的效果。

（3）利用语言的形象描述，吸引学生的注意

语言交流是体育教师进行教学和组织学生注意的重要工具，教师讲解时，声音的大小、语速及声调的变化都可以唤起学生的注意，直接影响到教学效果，教师的语言要言简意赅、生动形象具有启发性，符合学生接受的能力，语言的鼓励与安抚能很好地帮助学生克服困难和心理障碍，能集中注意，提高学习积极性。

2. 运用有意注意的规律组织教学

课堂上学生有意注意时间的长短，决定课的成功与否，有意注意也称主动注意，它是有目的有意识的直接的自觉的心理活动，只有提高学生的有意注意的能力，才能提高学习锻炼的质量，在组织教学过程中，要求我们教师不但要想着上好课，另外还要培养学生有意注意的能力。组织教学，集中学生注意力，提高教学效果。

（1）明确体育课学习的目的，提升有意注意的能力

学生对于为什么要上体育课，为什么要进行运动训练并非知其目的，因此，教师对学生要经常进行引导教育，使学生明白终身体育有益身体健康，激发学生自觉积极地学好体育，锻炼身体，明确学习目的的教育还必须渗透到日常教学训练中，要求教师在教学的开始阶段就树立学生终身体育有益健康的思想，使之养成稳固的健身习惯，并自觉而为之。

（2）根据学生的兴趣特点，有的放矢

兴趣是集中注意的重要心理因素，我们教师在教学过程中必须了解学生兴趣发展的各年龄段的兴趣特征，有经验的教师会重视学生的直接兴趣，又会重视学生的间接兴趣，根据学生不同年龄段心理特点，在教学中引导学生思索及体能对抗的游戏方式，提高学生锻炼的积极性，还可以编一些通俗易懂、简单易学的口诀，来提高学习的兴趣，对理解能力强的高年级学生可采用视频、幻灯教学，使抽象概念直观形象化，并用剖视、慢动作分解演示等教法，分析理解复杂动作过程的结构，培养学生的兴趣，吸引学生的注意力，提高教学效果。

（3）提升学生自我监督的能力，培养良好的行为习惯

良好的自觉行为是集中注意的重要条件，学生自觉行为的形成要经过长期培养，因此，教师在教学过程中，对学生要进行常规教育，如按时作息、遵守校规、比赛规则、上课注意听讲、认真完成作业等，养成良好自觉行为，有助于培养学生不受时间、地点、条件的影响，养成注意的好习惯，提升有意注意的能力，适应自觉学习锻炼身体的价值。

3. 善于运用两种注意相互转化的规律组织教学

课堂上，一般来讲，学生的无意注意时间短频次高，有意注意时间长频次低，对刺激物的直接兴趣可以引接引起无意注意，而对刺激物的间接兴趣可以引起有意注意，两种注意在同一活动中又是相互联系和转化的，只注重无意注意，学生虽然有兴趣，但并无坚强的意志和克服困难的能力，也不能完成既定的体育教学任务，注意是有实时性的，短时间内，情绪高涨，可以提高学生的学习锻炼的效果，可时间长了，情绪消滞，就会有厌倦感，因此，有经验的教师会合理的安排教学内容，激发学生兴趣，通过适时的讲解示范演绎，引起无意注意。另外，教师要鼓励培养学生不怕困难专研学习的意志

品质和探索精神，提高主动注意能力，在课堂学习锻炼过程中，应避免过多的重复的练习，以免产生消极情绪，要求教师要有不断地有关联的指导动作练习，交替练习锻炼，时刻保持较高的情绪和兴趣，促使两种注意的相互自然转化，从而提高体育课的教学质量。

要上好体育课，在开始阶段教师要通过简洁明了、新颖的讲解宣布课的任务，引起学生的兴趣，激励学生想体验的欲望，在平常的体育课中，要不断地培养学生的注意品质，主动地去专注某些事物，形成注意的稳定性，提高学习锻炼就有了事半功倍的效果。

六、迁移规律在体育教学运用

迁移规律是体育教学中的客观存在，为正确认识迁移规律对体育教学的影响，提高教学质量，对体育教学中的迁移规律进行了简要的分析，对迁移规律在体育教学中的应用进行了探讨，并对应注意的问题提出建议。

（一）迁移规律在指定学年或学期计划时的运用

指定学年或学期计划时，除了贯彻教学大纲的同意要求外，还要注意教材分布的纵横关系。在教材的纵横关系中就要考虑到迁移的问题。纵的教材关系如：进行标枪教学时，先教原地投掷，再教上步投掷，然后教助跑投掷。因为上步和助跑投掷的握枪、引枪有最后的用力到出手这些动作的基本环节和原地投掷相同，所教后两种投掷时只需把上步或助跑的技术与原地投掷技术连贯起来就行；在学习与原有动作结构相似的新动作时，大脑皮质由原已形成的基本环节或附属环节的运动条件反射即可作为新的动力定型的基础，只需补充一些基本环节或附属环节的运动条件反射，新的动力定型即可形成。因此，指定学年或学期计划时，应尽量在回忆旧知识的基础上引出新的知识技能，将具有共同因素的教材内容合理地安排在一起并贯串练习起来，这不仅可以复习旧的技能，同时还能使学生更好地去理解和掌握新的知识技能，达到前面的学习是后面学习的准备，后面的学习是前面学习的发展。

另外，在指定学年或学期计划时，要避免运动技能之间的相互干扰。两种不同运动技能之间，动作技术主要环节不同，而细节部分相同，在学习时它们之间往往会产生干扰。如：掌握了单杠挂膝上，对学习单杠的骑上有干扰，这是因为前者要求屈膝，后者要求直腿，动作的基本环节不同，前者干扰后者；如果同时学习某两种技能，而且都没有达到熟练和巩固的程度，这两种技能就容易相互干扰，或者两种技能中有一种掌握的比另一种熟练，那么前者就容易对后者发生干扰，如：学习了跳高起跳（单脚起跳）的技术动作后，对学习支撑跳跃的起跳（单脚上板，双脚起跳）就可能产生不良影响；两种运动技能，结构相似，速度相反，其中某一技能已经相当熟练，巩固，要想形成相反的技能动作时，就会感到很困难，甚至出现错觉，如：短跑和长跑，两者动作结构虽然相同，但在动作反应速度上对神经系统的要求呈现完全两样的，故产生干扰。

（二）迁移规律在教学中的应用

1. 讲解、示范中的比喻与启发

在教学中，教师采用生动形象的教学语言，不仅能够启发学生积极思维和想象，而且还能使学生加深对教材内容的理解，例如：学习前、后滚翻技巧动作时，教师用球做比喻，启发学生要低头、团身、屈膝使身体接近圆球形，才能像球那样进行前、后滚动，从而使学生心领神会，加深对动作要领的切身体验，加速对新技术的掌握。

2. 组织诱导性练习

（1）模仿练习的运用

根据相似的刺激物可以引起雷同反应的原理，组织适当的模拟练习促其产生正迁移，诱导学生逐步低学习并掌握教材。例如：在铅球教学中，从徒手原地正面推铅球动作—徒手原地准备姿势（蹬、转、挺、推、拔）的最后用力—滑步推球的模仿练习，对诱导学生逐步掌握正确的推铅球技术有帮助。其生理机制就是，通过模仿产生迁移，诱导学生学会并掌握教材。

（2）分解练习的运用

为简化动作的掌握过程，教学中常常把完整的动作合理地分成几个部分，然后按部分逐次的练习，最后完整地掌握。例如：在进行排球正面上手传球教学时，可首先进行传球手形的练习；其次进行正确击球点的练习；再次进行蹬伸迎拔协调用力动作的练习；最后将以上三种练习串联起来，就会使学生完整地掌握正面上手传球的动作要领。每一个分解练习都给大脑皮层建立暂时性神经练习过程产生了痕迹效应。如果学生个体能正确、熟练地掌握每一个分解练习，则分解练习过程中产生的迁移就能使学生获得良好的学习效果。

（3）辅助性练习的运用

辅助性练习是指为发展某种动作所需的身体素质的练习。体育教学中，为使学生更快、更好地学会某项技术，而选用一些辅助练习来发展该项技术所需要的身体素质，确实有利于素质和技能迁移。例如：在推铅球教学中，为提高铅球出手的初速度，必须要发展学生推球的力量，因此，常常选用一些发展臂力、腕力、指力的练习，诸如俯卧撑、俯卧撑推手、俯卧撑击掌等，以发展掌握技术所需的力量素质。

3. 充分利用学生已有的知识、经验促进学习的迁移

选择提倡生活中较为熟悉的动作概念，给学生以生动、形象的诱导。由于学生对这些动作、姿势印象比较深刻，因而容易接受和体验，如学习前滚翻时，教师可以用“篮球滚动”来启发学生；要求跳远踏跳的起跳的起跳腿快速蹬离地面时，可用“赤脚踩在滚烫的铁板上”的比喻来提示。语言简练、准确，便于同学回忆，自身联系起来。

可见，迁移总是以先前的知识、经验为前提的。有关的知识技能掌握越多，越容易举一反三，触类旁通。

4. 建立学生良好的心理状态，促进技能的迁移

针对不同学生的不同气质类型进行心理疗法，好胜心强的同学可用“激将法”，性格内向的学生则可多运用心理暗示，使他们产生强烈的学习欲望，从而有利于加快运动技能的迁移和巩固。因此，教师在整个教学过程中都应帮助学生形成有利的和消除不利的心理状态。

总之，迁移是体育教学中普遍存在的规律，每一位体育教育的工作者，自觉地认识和合理运用迁移规律，使学生在学习动作时收到事半功倍的效果，从而提高教学质量。

第四节 体育教学的结构和原理

一、体育教学结构

（一）体育教学结构模式

体育教学活动存在在一定时间流程与空间形态中。时间控制主要表现在教学方法安排序列上；空间形态主要表现在教学组织形式上，而教学结构是实现教学目标、实施教学内容、贯穿教学方法和教学组织方式的必要保证。课堂教学结构是目标、内容、组织教法的纽带，因此，教学结构模式的设计历来都是教学研究的一个重要课题。

在此试对我国学校体育的课堂教学结构做一浅析分析，以教师为主导，学生为主体的教学思想为指导设计课堂教学结构模式，旨在与同行们讨论丰富的体育课堂教学结构。

1. 当前我国体育课堂教学结构尚存在的主要问题

目前我国体育教学中，以运动技术、技能为主要基本内容，并需要完成多个教学目的的综合课，大多数教师也都习惯于传统的“综合课结构”去上课，每堂课的顺序都是由“组织教学、复习巩固、讲授新知、巩固新知、布置练习”演变而来的体育教学结构。这样的结构看似完整规范，但也存在以下弊端。

（1）知识中心的教学结构跟不上教学目的的发展进程

从传统课堂教学结构上分析，形成以传授运动技术、技能为中心“为教技术而教技术”的知识中心教学结构。然而教学目的基本内容结构应该为“个性和谐发展观”，且这个教学目的在不断扩充和发展。而目前的体育教学的知识中心结构，远未跟上教学目的的发展进程。

（2）以“教”为中心的课堂教学结构忽视了学生学习的主体性

体育课堂教学大多采用“分解教学—练习—分解教学（N）—练习—完

整教学”的递进式结构，缺乏运动的整体感知，缺乏学生已有的运动技能和新运动学习的“矛盾”设计，忽视了学生认识活动的心理过程，没有反映出学生学习的规律和主体积极性，教学矛盾偏重于教。

2. 新型体育课堂教学结构模式

新型体育课堂教学结构模式主要的构成因素为完整的课堂教学论结构、灵活多变的教学法结构和有序递进心理逻辑结构。

（1）教学论结构

体育教学论是研究和说明体育教学的现象、基本因素、本质以及内在规律的一门科学和学科。教学论结构反映了学科内容、教学逻辑和包含特殊认识过程的课的三个基本阶段，是组织课的一般指令、一般做法。

（2）教学法结构

教学法结构是对组织一节课的总指令和总算法，是紧密联系的统一体，但又是相对稳定的。教学法的实施顺序和方式可以经常变化，并可以通过某种教学方法的教学法去展开并具体化。如情景和问题教学法，课的开始阶段是通过创立问题情境或提出假说等方式引入新的知识；在解决问题或论证假说的过程中附带现实化；也可能以检查或复习上次课所学习的知识等等，视课堂教学目标和教师灵活运用的教学方法体系而排序。

教学法结构的因素就是教师的“教”和学生的“学”所构成的各种活动种类，如讲述、模仿、练习、巩固等等，是教学的具体体现，“教”“学”的可变性为教师创造性、学识和教学法技巧提供了空间。

教学组织形式也是其中重要的因素。“分”与“合”，分小组教学与班级教学的协调，既“班级教学—小组教学—班级教学”。首先集体同授的主要目的是让学生对整体知识的感知，营造群体学习心理氛围和为后续的分小组学习作准备。其次分解教学采用小组学习，主要体现在学习新技能的阶段中。最后再班级教学，这里的“合”，是反馈教学情况，通过讲评小结，提示重点、难点，将知识条理化、给构化的整合过程，并对于“合”中反馈的问题，进行教学回授和纠正。“合—分—合”的操作，既可单轮分合也可多轮分合。其轮次取决于教材、教学需要及教师的教学控制能力。

（3）心理逻辑结构

心理逻辑结构是联结教学论结构和教学法结构的内部逻辑环节。掌握知识的过程总是从对事实、事件、规则等等的“感知”和“意识”开始的，然后由比较、对比、解释等引导学生到对新知识的“理解”和“领会”，最终将新知识“概括”地融入到以前掌握的知识体系中。心理逻辑结构只能通过教学法来表现，如“复现”通过提问、练习等表现出来；“理解”通过正确的回答、分析运动结构、技术正误判断和正确运用（技术、原理、规则）等表现出来；“概括”通过能够正确组合知识的结构，正确地确定新知识在已掌握的知识体系中的地位等表现来，如此等等。

在课的内部结构中还以是否包探索性活动的步骤而分为两种不同结构的课，一种是复现性掌握的课（非问题性教学的课），另一种是创造性掌握的课（问题性教学的课）。

由上述可见，在学校体育课堂教学的结构模式中，保证外部教学法结构与内部心理逻辑结构的最优组合，是成功设计一堂课的关键，是课堂教学结构的灵魂。

4. 新型课堂教学结构模式所孕育的功能

（1）课堂教学结构模式体现了教学过程的矛盾和矛盾的发展过程。从课堂教学结构模式的整体结构上分析，“再现已知的知识，在新情况下理解原有知识”和“建立问题情境，提出问题”，形成学生已有能力和知识水平与新授知识之间的矛盾；“感知新教材，思考理解”和“提出设想和假说”，形成解决教学矛盾的过程；“概括，运用”和“检查解决问题的正确性”解决矛盾。教学矛盾贯穿整个课堂教学结构，并成为引导和带动整个课堂教学过程的动力。对矛盾的主、次转化分析，结构的开始阶段的“教”处于矛盾主要方面，而“学”是次要方面，教师主导作用使教学的主要矛盾由“教”落实到“学”，最终使学生成为占支配地位的教学主体。

（2）课堂教学结构模式突出体现了学生的主体性。课堂教学结构模式的“完整教学—分解教学—完整教学”有利于学生的运动体验和对运动的整体感知，是引导激发学生主体积极性的重要结构；“班级教学—小组教学—班级教学”，发挥了学生主体能动性和小集体思维的小组教学作用，适用于学生的需要、兴趣、爱好、能力和发展潜能，有利于实现学生个性充分和谐的发展目标。

（二）体育教学的结构生成及其社会功能

体育教学是一个复杂而有规律的系统，有多层要素组成，在推进体育教学的改革和优化过程中，对其进行教学结构分析，能全方位加深对体育教学的认识。同时加深对体育教学社会功能的认识。

1. 体育教学的本质和教学结构

体育教学是由多种要素构成的，如，教师、学生、课时、教材、教学方式、教学反馈等。

其中，教师和学生是体育教学结构的基本要素，另外，体育教学要以实现体育课程为目标，以教材和体育器材为载体，在一定的场地环境下进行系统性教学。

体育教学是团体教育，更是终身教育，也是情感交流和身体发展同时进行的教育。因此体育教学的结构生成应当融合个人认知、情感交流和身体发展三方面。

（1）个人认知

一般来说，学校教育在个人认知能力的主要表现形式有三种：一是概念性认知，即通过语言等形式形成对外界的概念性理解；第二个是形象认知，通过一定的形象或者对某个形象的想象形成对外界的认知；第三个是运动性认知，通过身体与外界的接触形成的认知。

体育教学属于运动型认知，从而确立了体育教学在教学体系中的地位。

另外，在体育学习中，学生首先通过语言和文字了解基本体育知识，然后通过示范对体育动作形象有所了解，最后通过身体对体育运动产生认知。

（2）创造良好的情感交流环境

体育教学能使学生在运动和竞技中不断地发现自我，完善自我。因此创立良好的情感交流环境，也是体育教学结构中的一个重要组成部分。情感交流能激发学生学习体育的兴趣，满足学生的表现欲，实现情感的交流和满足。

（3）促进身体的全面发展

体育教学是直接通过身体对世界产生认知。其教学结构首要一点就是促进身体的全面发展。首先通过多种方式进行体育锻炼，培养健壮的体格。其次，建立正确的体育意识，培养意志力和竞技精神。

2. 体育教学的社会功能

（1）构成学校整体社会功能的一部分

体育教学是学校教学的一个重要组成部分，因此它的社会功能发挥也是包含在学校教学的社会功能中。学校教育的直接作用是帮助受教育者成为一个独立完整的人，形成个人的“文化形成’。而受教育者的“文化形成”也是把他归属到社会群体中的一个重要考核标准，并且促使受教育者本人在社会中发挥不同作用。

受教育者的“文化形成”是由接受各个学科知识的传授形成的一个整体系统，因此体育教学的社会作用是帮助学生形成自身的体育文化形成。

另外，人类社会的不断发展中也形成了多种多样的文化，体育文化就是其中之一。而体育教学正是对人类社会体育文化的传承。

（2）提高学生适应社会和自然环境的身体素质，提升全面素质

体育的目标是强身健体，增强体质，锻炼意志。学校的体育教学通过多种方式和教学手段来实现这种目标。学生在体育教学中实现体育能力和身体素质的提升，那么在体育教学中打下的身体基础，有助于增强学生适应社会环境和自然环境的能力，这也是人生存的基本能力之一。

（3）提升人际关系等社会交际功能

人际交往是社会活动中必不可少的一部分，也是个人适应社会的一种必备能力，在社会发展中起着信息交流、情感沟通的重要作用。体育教学的教学方式和教学目标，在帮助学生锻炼身体、增强体质的同时，也在锻炼着学生与他人沟通的能力。首先是学生和教师的沟通和互动，其次是学生之间的互动。另外，体育教学能培养个人对团体或者集体的社会需求心理。

（4）促进心理健康

体育能保持人的心理健康，缓解现代社会所给人们带来的种种生活压力，在提高人身体素质的同时，促进心理状态的良性发展。因此体育教学能对学生的心理状态产生积极影响。体育是一种个人与团体互动的过程，在身体得到锻炼和舒展的同时，会对人的心理产生极大影响。适当的体育运动，能化解心理的孤独和悲伤情感，激发人的积极性和主动性。学校体育教学在学生性格养成中也扮演着重要作用。根据相关调查研究，体育教学能帮助学生养成积极、乐观的性格，增强学生的自信心和意志力。

综上所述，体育教学是一个完整的教学体统，其内部构成要素和结构之间的关系会直接影响体育教学的效果，促使学生通过体育教学获得身体、心理和精神上的满足，体验情感交流的快乐，并且展开形成体育文化修养，养成终身体育的意识。体育教学不仅注重“体”，更注重“心”，让学生在体育教学中认识体育运动的本质，从而建立正确的体育意识。

二、体育教学的原理

体育学理简单来说就是进行体育学习或者教学的时候的一些规律，在学生学习体育技能的时候客观存在的一些规律性。这是和动作的难易程度、性质，学生自身的一些条件、努力的程度，老师的教学水平以及设备和气候都有着直接关系的。

（一）学习运动技能的规律和给起造成影响的一些要素分析

现在通过对于运动技能的一些学习规律的研究，得到认可的研究成果主要有以下两种，首先是整体结构理论，在进行技能学习的时候主要分成认知阶段、联结阶段以及自动化阶段；其次则是联结理论，在学习技能的时候主要是分成了三个各具特点却又相互联系着的阶段，也就是局部动作掌握的阶段、整个动作能够初步掌握的阶段以及对动作进行完善和协调的阶段。对学生运动技能的掌握起到影响的因素很多，主要在反馈和练习两个方面。在进行练习的时候，影响因素主要是进步的实际情况、练习的时间方面的分配、练习的方法是否正确。若是学生进行单纯的动作学习，取得的进步是比较小的，学习技能的时候可以通过反馈的方式，并且学生对联系结果的了解程度也会直接影响到效率提高问题。

（二）运动技能教学在会能度的基础上的教研规律

在进行体育教学的时候，教学规律有一定的共性，但是由于项目的不同，教学方法和时间的安排都会有一定的不同，这也是教学的个性，此处便是针对其个性进行了分析，探讨了和会能度有关的教学规律。

1. 教学时数和运动技能会能度分类之间的关系

（1）会与不会区别比较明显的运动技能。在教学的时候，蛙泳和独轮车这两项运动会与不会之间区别比较明显，并且根据调查显示，蛙泳需要十二个学时才能够学会，而独轮车的直线骑行则需要十个学时。用时比较长的主要原因则是在于运动的复杂程度，蛙泳和独轮车都是比较难的，在对这种项目进行教学的时候则应该安排的时间长一些。

（2）中间型的一些完整运动技能。这些运动技能不是很复杂，但是包含的一些元素比较多，和学生的日常生活有一定的关系。这种技能由于包好了多元动作和单一动作两种，所以在教学安排的时候应该根据实际的情况进行选择。单一的运动可以安排小单元或者中单元的教学，而那些多元动作结构的技能则应该根据实际的情况安排大单元或者中单元的教学。

（3）会或者不会区别比较小的运动技能。这一类的技能包含了动作和元素都比较少，并且也很简单，和我们的日常生活联系紧密。所以在教学的时候难度比较低，学生稍微一学习或者是不学习都能很好地把握，这一类的运动在教学中，就可以安排很少的时间进行练习。

2. 教学方法和运动技能会能度分类之间的关系

（1）采取分解教学法进行教学，将运动的完整技能分成几个小的部分，一段段地进行动作教学。分解法主要包括的类型便是“简化法”“部分法”“分割法”。

对于那些会或者不会区别非常明显的运动技能，采取分解法教学能够把整个运动简化，根据其复杂性的特点可以通过掌握运动的部分来进行整体的掌握。并且由于运动技能有一定的组织性，构成部分之间有一定的联系，特别是先后顺序，并且动作的重复性比较低，这也给分解教学提供了方便。但是会和不会区别比较明显的运动本身比较复杂，但是技能自身空间组织性是有一定区别的。比如说进行篮球的跳投，其空间组织性比较高，在进行教学的时候，不能够采用分割法的办法，所以可以采用简化法的办法进行教学，在保证动作完整的基础上，降低其难度。

对于那些中间型的运动技能，也能够采取分解法的办法教学，这一类运动本身具有复杂性，但是这类运动对时间和空间的要求比较低，所以可以采用分解教学的办法。

（2）完整教学法的运用。这种教学方法是指整个动作一次性教完，对于那些比较简单并且组织性比较高的运动比较适用。

中间型中的分立运动自身的复杂性比较低，包含的元素比较少，还有一些中间型的运动自身对于时间和空间的要求很高不能进行分解，所以可以采取完整教学的办法进行相关教学。

那些会或者不会不存在区别的技能，其本身的匀速比较少，并且对空间时间的要求比较高，不能够进行分解，所以可以采取完整教学的办法来开展教学。

（3）教学步骤和运动技能会能度分类之间的关系。体育教学的时候，教学步骤应该是比较清晰的，老师在进行教学的时候，必须明确每个步骤之间的联系和关系，对于那些比较难的运动技巧，老师可以先进行分解，学生掌握了部分之后，再采用完整教学的方法，让其将每个步骤联系在一起。

研究运动技能教学对于体育学理的主要意义在于，把握教学中的规律，让学生更好地掌握好每个动作。老师也可以通过教学得出更多的经验，更好地进行教学。

第二章　体育教学内容

第一节　体育教学内容的基本理论及特点

一、体育教学内容的基本理论

体育教学内容是实现体育教学目标的重要手段。因此它在体育教学中扮演着无可替代的角色，如果没有内容，任何教学就都是空谈。所以，体育教学内容的革新与发展在体育教学改革当中起着举足轻重的作用。

体育教学内容与体育教学当中的其他要素一样，都需要一套坚实的理论来支撑着，本节将从体育教学内容的起源、概念、特点等方面来对教学内容的基本理论进行详细的阐述。

总而言之，以上几大类内容是现代体育教学内容的来源。各国体育教学内容当中以上内容的比例以及受重视的程度不同，但以上几类内容大多是囊括其中的。除此之外，诸如游泳、登山、野营、滑冰、滑雪等户外运动也非常受欢迎。从上述对主要体育教学内容的由来与发展的简述中，我们可以看出体育教学内容的起源不同，所以有着以下几项特点。

（1）体育教学内容发展于多种文化形态，诸如军事、生产劳动和市民生活，因此，体育教学内容因起源不同而带有不同的特点。其价值的判断也必然受对原始形态认识的影响。

（2）体育教学内容非常庞杂，内容之多远超过其他学科，而新的内容还会陆续出现。

（3）体育教学内容之间没有什么相互联系和清晰的逻辑，基本上是一种平行的关系。

（4）同一内容在不同的时代，被赋予的教育任务有较大的差异。这些特点对于理解体育教学内容的特性，进行体育教学内容的筛选和教材处理都是很重要的。

二、体育教学内容的概念和含义

1. 体育教学内容的概念

体育教学内容，就是以达到体育教学目标为目的而进行的体育知识和技能体系等方面的选择和运用。

体育教学内容在体育教学实践中作为教师教与学生学的实践材料而存在，它是教育者根据教育的一系列要求，通过对前人体育和教育实践经验进行综合的总结，按照教育原则，进而从丰富的体育技能理论当中精挑细选出来的。教学内容在教师与学生中间扮演着中介和媒体的角色，决定着教师和学生之间的信息交流。体育教学内容对于体育教学方法和教学手段是同时起到制约作用的，同时也决定着体育教学的效果和目标实现的程度。

2. 体育教学内容的含义

体育教学内容具有以下两个方面的含义。

（1）体育教学内容有别于一般的教学内容

第一，体育教学内容是在依据体育教学目标选择的基础上，根据学生身心发展的规律以及需要，在教学条件的允许下精心挑选和加工而来的体育内容。

第二，体育教学内容是以大肌肉群的活动状态进行的体育教育内容，主要的形式有运动技术学习和教学比赛以及理论讲授等。

第三，体育教学内容的传授依赖于某种特定的体育教学条件。

（2）体育教学内容往往区别于竞技运动的内容

第一，体育教学内容存在的目的是进行教育，而竞技体育运动内容的目的则是娱乐和竞技，并不是进行教育。

第二，体育教学内容在成形之前必须根据教育目标的需要进行一定程度的改造和编排，而竞技运动内容则可以理解为更加单纯的体育。

体育教学内容从形式上来说，跟其他学科的教育内容相比是有很大的区别的，体育教学的内容虽然从来源上讲是娱乐和竞技等方面，但却与其本身在体系上就有非常多的不同之处。这些特点使得体育教学内容拥有独特的性质，并且在教学内容中处于一种独特的地位，同时也说明体育教学内容从选择、加工以至于教学当中，相比于其他教学内容都更加复杂。

3. 体育教学内容的意义

体育教学内容最大的意义就是能最大限度地帮助体育目标实现，在教学活动中体育教学内容是重要的要素，而要实现教学的目标，体育教学内容也是不可或缺的条件，体育教学内容当中的每一个步骤都使得体育教学目标更加接近于实现。

在体育教师进行教学的过程中，体育教学目标是其执行教学方案的直接依据，因此体育教师对这方面内容的掌握和了解必须要深入，只有做到这点体育教师的工作才是合格的。同时随着社会的发展体育教学的要求不断提高，体育教学内容绝不能一成不变，因为特定时期内人的认知能力是有限的，所以随着时代的发展体育教师对于体育教学内容的钻研学习必须是持续的。体育教师不断钻研学习教学内容的过程，也就是教师自身提高的过程。

体育教学内容必须要经过对学生的身心发展特点和已有体育水平进行研究才能选择和确定，所以从身心发展方面，体育教学内容应该起到积极促进作用。需要指出的是，这种积极作用要想从理论转变为实践，那么必须由体育教师进行细心的指导，这样教学内容才能发挥最大的作用。这就要求体育教师循循善诱，将制定编选的教学内容非常完美地转化成学生发展所需的内容，使其真正感知到这是必需的。这样教师的教和学生的学才能真正融合到一起，促成师生双方的共同进步。

综上所述，体育教学内容的科学合理选定非常有益于学生在体育课程当中的学习，同时强身健体，在体育方面养成良好的习惯，使学生德才兼备，并且不失个性。

三、体育教学内容的特点

（一）运动实践性

体育教学内容摄取的特点及其主要构成是体育运动项目以及相关的身体练习，所以其实质上是身体运动的一种实践，而其他教学内容都不具有这种特质。相关学者的观点认为，体育教学内容是以有关身体运动的学习和身体运动的技能形成为主要培养目标的内容；是以运动为媒介，以大肌肉群的活动状态进行教育的内容。体育教学内容的学习并不单单是学生大脑思维的活动，学生不光要对内容进行理解，并且要在实际中来进行运动学习以及身体练习。在这一过程中，要通过运动中的肌肉本体感觉的形成与动作的记忆，来判断学生是否真正掌握了教学内容，因此在体育教学内容中，学生的学习是要将思维和行为联系起来的。所以体育教学内容的学习中尤为强调练和做等实践行为。

（二）健身性

从广义上来说，体育的功能就是增强体质、增进健康。体育教学内容的学习，从过程上来讲，实际是学生对一定的体育知识和技能学习并同时进行一定的身体练习的一个过程。学生进行身体练习的同时必然将会承受一定的运动负荷。体育教学的主要目的就是通过对身体练习的运动负荷量以及强度进行合理的安排，通过一定的手段加以调控，从而使学生的体质能够得到增强，变得更加健康。体育教学内容对于学生有增强体质、增进健康的作用，在所有的教学内容中是不可取代的。

（三）娱乐性

体育教学内容的主要来源是体育运动项目，体育运动项目大多具有很强的运动性以及竞技性。同时体育运动项目也具有趣味性、娱乐性的特点，所以体育教学内容的学习方式往往是运动学习以及运动比赛，只有在这一过程中体育教学内容才能真正地体现。这些运动之所以具备乐趣，就是源于运动学习和运动竞赛过程中存在的诸如竞争、合作、表现欲等一系列的心理过程，在这些心理过程中就能够体会到很大程度上的乐趣，学生对运动的新的体验和学习的成就感也会加强。除此之外，运动的环境、场地、比赛规则、比赛形式等的变化和加工方面也能够体现体育教学内容的娱乐性。学生在教师的领导下钻研体育教学内容时，不可缺少的动机之一就是对运动乐趣的追求，所以在追求运动乐趣的过程中学生就会得到一些从别的教学内容当中无法习得的体验，从而在情感上获得深刻而丰富的陶冶，以达到愉悦身心的目的。

（四）人际交往的开放性

体育教学内容的主要形式是集体活动，并在集体的基础上进行的运动的学习和竞赛，运动的进行方式与其他教学内容不同，往往是进行时空的变换。因此，在体育教学中对运动的学习、练习和比赛当中学生之间有着非常频繁的交往和交流，所以相比其他学科的教学内容，体育教学内容在人际交往的方面具有更明显的开放性。体育教学内容正是由于人际交流的开放性，并以此为基础而体现出其对集体精神、竞争精神进行协同培养的独特功能，这样在体育教学内容的学习过程中，老师与学生之间、学生与学生之间的关系才能够更加密切开放，在教学内容以小组为单位进行时，组内的分工也更加明确清晰。体育教学内容的学习过程中，学生、老师在角色变化上相较其他学科更多，因此体育教学内容能够增强社会适应能力。

（五）非逻辑性

体育教学内容相比于其他学科教学内容不同的地方体现在，体育教学内容往往不存在一般学科教学内容之间清晰的由易到难、由简到繁的阶梯性结构，在逻辑结构上，并没有明显的从基础到高级的体系，体育教学内容的排列并不是直线递进式的，而是复合螺旋式的。体育教学内容的组成是众多的相互平行的、可以替代的运动项目以及身体练习，其中有着丰富的体育与健康的理论知识。这种特性使得体育教学内容在选择时灵活性更强。

第二节　高校体育教学内容的划分和编排

一、高校体育教学内容和手段现代化

高校体育教学内容和手段的现代化革新发展，体现现代化体育课内容符合现代体育教育的需求，其教学内容具有实用性和灵活性的特点，能够保障体育教学的任务和目的顺利完成。体育教学内容现代化发展包括课程内容和教材取向现代化发展方向，其中蕴含的科学性理论内容能够帮助新时代学生完成学习任务，使体育课程内容更具时代发展的活力。高校体育教育现代化发展进程中课程内容革新有利于拓展教育信息，减少教育受到的空间和时间的限制，使体育课程内容更具象化，最大限度调动学生学习感官，保障体育教学的实用成效。科学技术的发展使教育现代化发展进程加快，体育课程逐渐向全新的方向发展，教育现代化的手段在不断增多，体育电脑教学和电视教学逐渐被采用。体育教学手段现代化发展还体现在教学资料和信息更加丰富，各种类型的体育赛事和资料被应用，现代化教学发展改变传统教学的束缚性，提高体育课程的教学实效，使学生更愿意投入更多精力在学习体育知识方面，从而保障体育课程在新时代背景下健康发展。

二、高校教学内容更新速度加快，增强学生学习体育的兴趣

教育现代化发展背景下进行课程革新能够实现教学信息资源共享，现代化技术的发展使教学信息更新速度加快，为高校体育课程发展提供机遇。现代化信息技术的应用为教师提供更多课程选择的机会，也为学生学习提供更加丰富的内容，使高校获取教学全新技术和全新内容的效率不断提升，提升高校教学把握时代发展的能力，促进体育教学整体性革新发展。教学内容更新速度的加快使学生能够全面感受到体育课程内容的感染力，学生在富有现

代化特征的教学内容下进行理论课程学习，能够帮助学生实现学习探究，提升学习体育理论内容的成效。体育课程现代化发展能利用网络的趣味性增强学生参与体育活动的兴趣，对教学实践活动的开展更加期待，久而久之学生对运动的需求使其能主动参与到体育运动中，提升体育课程内容的参与程度。另外，应用网络丰富资源进行教学革新能提升学生对于知识的理解能力，并在实践活动中针对自身问题进行及时的判断，从而实现学生综合型德智体美劳全面的发展。

三、21世纪改革对体育教学内容的虚化

21世纪的体育教学改革实行了三级课程管理体制，这一体制彻底放弃了对体育教学内容的规定性，给予地方和学校以极大的对体育教学内容的选择权利。而体育课程改革确立的“目标统领内容、内容为目标服务”的体育教学内容总体原则，则将体育教学内容的选择按照体育教学的领域目标设定为“运动参与、运动技能、身体健康、心理健康与社会适应”四个方面的内容，彻底“开放”了体育教学内容，放开了体育教师对体育教学内容的选择。

第三章 体育教学方法

第一节 体育教学方法概述

一、体育教学策略的概念和特点

（一）体育教学策略的概念

教学策略是教师为实现教学目的、完成教学任务，在对教学活动取得清晰认识的基础上，根据学习内容、学习者的知识水平和理解与认识能力以及学习过程等因素，对教学活动及其因素进行计划、评价和调控而采取的一系列执行过程。体育教学策略则是体育教师为达到体育教学目的、完成体育教学任务，根据教学实际情况而采用的教学程序、方法、手段、技巧和控制方式，包括宏观教学策略和微观教学策略两大类。

（二）体育教学策略的特点

体育教学策略是指在体育教学过程中，教师根据教学目标和学生特点，采取的一系列有计划、有组织的教学行为和方法。体育教学策略的特点既包括了其独特的理论基础，同时也涵盖了实践中的具体操作和方法。下面将从综合性、因材施教、注重体验、活动性和多元评价等方面，论述体育教学策略的特点。

体育教学策略具有综合性。这意味着体育教学不仅仅是对技能或规则的简单传授，而是综合运用多种教学方法，包括示范教学、讨论引导、小组合作等，以促进学生综合素质的全面提升。通过综合性的教学策略，可以更好地满足不同学生的学习需求，全面提高教学效果。

体育教学策略因材施教。这一特点强调了教师需要根据学生的个体差异，灵活调整教学内容和方法，使之更符合学生的实际水平和学习需求。通过因材施教，可以最大限度地激发学生的学习兴趣，提高其学习动机，达到更好的教学效果。

体育教学策略注重体验。体育活动是一种身体、心理、社会等多方面综合参与的过程，注重学生在体育活动中的亲身体验和感受，对于培养其积极向上的体育态度和自信心具有重要意义。在体育教学中，教师需要通过各种活动设计和组织，创造出有利于学生体验和感受的教学环境，引导学生积极参与进去，主动探究，从而实现教学目标。

体育教学策略强调活动性。体育教学的本质在于通过体育活动来促进学生身心健康的全面发展，教学过程应该以学生的实际参与和活动为主导，注重学生的主动性和积极性。教师在设计和组织体育教学活动时，应该注重培养学生的团队合作精神、竞争意识和自我管理能力，使其在活动中全面发展，实现个性化成长。

体育教学策略具有多元评价的特点。评价是体育教学过程中的重要环节，通过评价可以及时发现学生的学习情况和问题，为调整教学策略提供依据。体育教学的评价应该是多样化的，既包括对技能水平、身体素质等方面的客观评价，也要注重学生的自我评价和互相评价，以及对情感态度、团队协作等软性素质的评价，全面了解学生的发展情况，为其提供个性化的发展建议。

体育教学策略具有综合性、因材施教、注重体验、活动性和多元评价等特点。这些特点既反映了体育教学的理论基础，同时也指导了实践中的具体操作和方法，对于提高体育教学的质量和效果具有重要意义。

二、常用的体育教学策略

（一）优化体育课堂时间管理的策略

优化体育课堂时间管理的策略是学校教育中不可或缺的一环。有效管理时间可以提高学生的学习效率，培养良好的时间观念，同时也有助于保持学生的身体健康。在体育课上，合理的时间安排可以让学生充分参与各种运动活动，提高他们的体育技能和身体素质，下面将探讨一些优化体育课堂时间管理的策略。

合理安排课程内容和时间分配是优化体育课堂时间管理的关键。在课堂规划中，教师应当充分考虑到学生的年龄、体能水平和兴趣爱好，合理安排各项运动项目的时间分配。例如，对于初学者，可以适当延长基础训练的时间，帮助他们尽快掌握基本动作和技能；对于高年级学生或体育特长生，可以增加比赛和训练的时间，提高他们的竞技水平。

利用有效的教学方法和工具可以提高体育课堂的时间利用率。教师可以结合多种教学手段，如示范、讲解、练习和游戏等，灵活运用于课堂教学中。通过多种形式的教学活动，可以激发学生的学习兴趣，增强他们的参与度，从而提高课堂的效率和质量。

合理安排课堂活动顺序也是优化体育课堂时间管理的重要策略之一。在课堂上，教师可以根据不同的运动项目的特点和学习要求，合理安排活动的顺序和间隔时间。例如，可以先安排一些简单易上手的热身活动，然后逐渐过渡到技术训练和比赛活动，最后进行适当的放松活动，使学生在体育课堂上能够得到全面的锻炼和放松。

合理安排课堂管理和组织也是优化体育课堂时间管理的关键因素之一。教师可以通过建立良好的课堂秩序和规范的行为准则，有效管理学生的行为和活动，确保课堂的纪律和秩序。同时，教师还可以采用分组合作的方式，让学生自主组织和管理课堂活动，培养他们的团队合作精神和领导能力，提高课堂管理的效率和质量。

及时反馈和评价是优化体育课堂时间管理的必要手段之一。教师可以在课堂上去及时观察和评价学生的表现，及时给予肯定和鼓励，同时指出他们存在的问题和不足之处，帮助他们及时纠正错误，提高学习效果。教师还可以定期组织课堂评估和反馈活动，了解学生的学习情况和需求，调整和优化课堂管理和教学策略，提高课堂时间的利用率和效率。

优化体育课堂时间管理的策略包括合理安排课程内容和时间分配、利用有效的教学方法和工具、合理安排课堂活动顺序、合理安排课堂管理和组织、及时反馈和评价等方面。通过合理运用这些策略，可以提高体育课堂的教学效率和质量，培养学生的体育素养和健康意识，促进学生的全面发展。

（二）安排运动负荷的策略

1. 安排每节课的教材和确定课的任务

设计一个安排运动负荷的策略是关乎运动员健康和表现的重要问题。在这个过程中，需要考虑到许多因素，其中包括个体的身体状况、目标和训练周期。

我们需要考虑到个体差异。每个人的身体状况、运动水平和目标都是不同的。一个有效的策略是个性化定制运动负荷。通过对每个运动员进行全面评估，包括体能测试、运动史和健康状况，可以确定适合其需求的训练计划。

逐步增加运动负荷是至关重要的。过快增加负荷容易导致过度训练和受伤。一个明智的策略是渐进式负荷增加。通过逐渐增加训练强度、频率和持续时间，可以让身体适应新的负荷，并减少受伤的风险。

定期评估和调整运动负荷也是关键。运动员的身体状况和目标可能随着时间而变化。定期评估运动负荷的效果，并根据评估结果进行调整，可以确保训练计划始终与运动员的需求保持一致。

另一个重要的策略是综合考虑不同类型的训练。单一类型的训练容易导致训练平衡的失调，从而影响到运动表现。一个综合的训练计划，包括有氧、无氧、柔韧性和力量训练，可以全面提高运动员的综合能力。

休息和恢复同样重要。过度训练会导致身体疲劳和过度应激，从而影响运动表现和健康。合理安排休息和恢复时间，包括充足的睡眠、营养补充和身体按摩，可以帮助运动员更快地恢复，并改善训练效果。

与运动员建立良好的沟通和反馈机制也是至关重要的。了解运动员的感受和反馈可以帮助调整训练计划，以确保其满足其需求和目标。与运动员保持密切联系，并及时解决问题，是设计有效运动负荷策略的关键一环。

设计一个有效的运动负荷策略是一个复杂而关键的过程。通过个性化定制、渐进式增加、定期评估和调整、综合训练、合理休息和恢复以及良好的沟通反馈，可以确保运动员能够达到最佳的训练效果和运动表现。

（三）减少和预防运动损伤的策略

1. 教师方面

教师在体育课堂中扮演着关键角色，他们不仅需要教授给学生各种运动技能，还需要关注学生的安全与健康。减少和预防运动损伤是体育教学中至关重要的一环。在此，我们将探讨教师可以采取的策略，以降低学生在体育课堂中发生运动损伤的风险。

教师应该对学生进行充分的身体素质测试和评估。通过了解学生的身体状况、体能水平和运动技能等方面的情况，教师可以有针对性地制定合适的运动计划和训练方案，避免过度训练或不当运动造成的损伤风险。

教师在课堂上应该注重教授正确的运动技能和姿势。正确的运动姿势不仅可以提高运动效率，还可以减少运动损伤的发生率。教师应该注重细节，及时纠正学生的错误动作，指导他们掌握正确的姿势和技能，从而降低运动损伤的风险。

教师在课堂上应该合理安排运动项目和活动内容。针对不同年龄段和体能水平的学生，教师可以选择适合的运动项目和活动内容，避免过于激烈或高难度的运动项目，减少学生因运动强度过大而造成的损伤风险。

教师还可以采取预防措施，如提前准备好运动器材和场地，确保课堂环境的安全性和舒适性。同时，教师可以向学生介绍一些常见的运动损伤预防知识，如正确的热身运动、伸展训练和适当的休息等，帮助他们增强自我保护意识，减少运动损伤的发生。

另外，教师在课堂管理中也应该重视学生的安全和健康。及时发现和处理学生在运动过程中出现的不适症状，如疲劳、晕眩等，避免进一步加重损伤风险。同时，教师还应该加强对学生的监督和引导，确保他们在运动过程中严格遵守安全规则和操作流程，避免因不当行为而导致的运动损伤。

教师在课后应该及时总结和反思课堂教学，总结学生在运动过程中容易出现的问题和不足之处，及时调整和优化教学策略和方法，以提高学生的运动技能和减少运动损伤的风险。

教师可以通过对学生进行充分的身体素质评估、教授正确的运动技能和姿势、合理安排运动项目和活动内容、采取预防措施和加强课堂管理等方式，有效减少和预防学生在体育课堂中发生运动损伤的风险，保障学生的安全与健康。

2. 学生方面

减少和预防运动损伤在学生运动员的训练过程中至关重要。这不仅可以保护他们的身体健康，还可以确保他们能够持续地参与运动当中并取得优异的成绩。

正确的热身和拉伸是预防运动损伤的关键。在进行任何运动活动之前，学生运动员应该进行适当的热身，其中包括进行轻度的有氧活动和关节活动。进行全身拉伸可以增加肌肉的灵活性和关节的活动范围，减少因运动而造成的肌肉拉伤和关节扭伤的风险。

适当的技术指导和训练是减少运动损伤的重要措施。学生运动员应该接受专业教练的指导，学习正确的运动技术和姿势。通过正确的姿势和技术，可以减少不正确的运动方式所带来的损伤风险，并提高运动效率。

另一个重要的策略是逐渐增加运动强度和量。过快增加运动强度和量则容易导致过度训练和受伤。学生运动员应该逐步增加训练负荷，给身体足够的时间来适应新的运动要求，并降低受伤的风险。

适当的营养和水分补充也是减少运动损伤的重要因素。学生运动员应该保持均衡的饮食，包括足够的碳水化合物、蛋白质和脂肪，以支持身体的能量需求和修复受损组织。同时，及时补充水分可以防止脱水，保持身体的水平衡，减少运动损伤的风险。

定期休息和恢复同样重要。连续的高强度训练容易导致身体疲劳和过度应激，增加受伤的风险。学生运动员应该给身体充分的休息时间，包括每天的充足睡眠和适当的休息日，以帮助身体恢复并减少受伤的风险。

合理的装备选择和佩戴也是减少运动损伤的重要措施。学生运动员应该选择合适的运动鞋和装备，确保其符合个人需求和运动场地的要求。佩戴适当的护具和保护装置，如护膝、护腕等，可以有效地减少运动损伤情况的发生。

建立良好的沟通和反馈机制也是减少运动损伤的关键。学生运动员应该与教练和医疗团队保持密切联系，及时报告任何不适和疼痛感，以便及时采取措施进行治疗和调整训练计划，从而减少受伤的风险。

通过正确的热身和拉伸、适当的技术指导、逐渐增加运动强度、营养和水分补充、定期休息和恢复、合理的装备选择和佩戴，以及良好的沟通和反馈机制，可以有效地帮助学生运动员减少和预防运动损伤，确保他们的身体健康和运动表现的持续提升。

（四）安排练习密度的策略

设计和安排体育练习密度是体育教学中的重要课题，它直接影响着学生的学习效果和训练成果。合理的练习密度可以有效提高学生的运动技能和身体素质，下面将探讨一些有关设计和安排体育练习密度的策略。

教师可以根据学生的年龄、体能水平和学习目标合理安排练习密度。针对初学者或年龄较小的学生，可以适当降低练习密度，增加休息时间，让他们能够更好地适应训练强度和节奏。而对于高年级或体育特长生，可以适当提高练习密度，增加训练时间和强度，以促进他们的技能提高和身体素质的进一步发展。

教师可以根据不同的运动项目和训练内容合理安排练习密度。对于技术性较强的运动项目，如篮球、足球等，可以适当增加练习密度，加强技术训练和战术演练，提高学生的技战术水平；而对于耐力型或柔韧性训练较多的项目，如长跑、体操等，可以适当减少练习密度，增加休息时间，避免过度疲劳和受伤。

教师还可以根据课程安排和学生的学习需求合理安排练习密度。在课堂时间有限的情况下，教师可以通过灵活的时间安排和合理的课程设计，充分利用每一分钟的训练时间，最大限度地提高练习密度，确保学生在有限的时间内可以得到充分的训练和锻炼。

教师还可以采取多样化的教学方法和活动形式，以提高练习密度。通过设置丰富多彩的训练项目和活动内容，如小组对抗、游戏化训练、技术训练等，可以激发学生的学习兴趣，增强他们的参与度，从而提高练习密度和训练效果。

另外，教师在安排练习密度时还应该注重学生的身体状况和感受。及时关注学生的训练反馈，如疲劳、不适等，合理调整训练强度和密度，避免过度训练导致学生的身体损伤和心理负担。同时，教师还应该鼓励学生自主参与训练安排和调整，培养他们的自我管理能力和训练意识，促进训练效果的最大化。

教师在安排练习密度时还应该注重课后总结和反思。及时总结每节课的训练内容和效果，分析学生的表现和不足之处，调整和优化训练计划和安排，以不断提高练习密度和训练效果。

设计和安排体育练习密度是体育教学中的重要任务，教师可以通过根据学生的年龄和体能水平、运动项目和训练内容、课程安排和学习需求、教学方法和活动形式等方面合理安排练习密度，以提高学生的训练效果和学习成果。

（五）促进师生交往的策略

在体育教学中，促进师生之间良好的交往至关重要，它有助于增进师生之间的信任、理解和合作，进而提高教学效果和学生的学习动机。下面将探讨一些促进师生交往的策略。

教师应该建立开放和包容的沟通氛围。在课堂上，教师可以采用亲切的语言和姿态与学生进行交流，鼓励他们畅所欲言，表达出自己的想法和感受。同时，教师还应该倾听学生的意见和建议，尊重他们的个性和需求，营造一个互相尊重和信任的教学环境。

教师可以通过参与体育活动和训练，与学生建立共同的体验和情感联系。在体育课堂上，教师可以积极参与各种运动项目和活动当中，与学生一同锻炼和比赛，共同享受运动的乐趣和挑战，增进师生之间的情感共鸣和认同感。

教师还可以通过赞扬和鼓励学生，增强师生之间的正向互动。在学生取得进步或表现突出时，教师可以及时给予肯定和鼓励，激发他们的学习动力和自信心，增强师生之间的情感联系和信任感。同时，教师还可以帮助学生树立正确的目标和价值观，引导他们积极面对挑战和困难，共同成长和进步。

教师还可以通过举办课外活动和交流会，加强师生之间的交往和沟通。通过组织体育比赛、户外拓展、运动训练营等活动，可以增进师生之间的友谊和合作精神，促进彼此之间的交流和互动。同时，教师还可以定期与学生进行面对面的交流会或座谈会，了解他们的学习和生活情况，听取他们的意见和建议，共同解决存在的问题和困难，增进师生之间的信任和感情。

另外，教师还可以通过家长和学校的支持，加强师生之间的联系和合作。

通过与家长保持密切的联系和沟通，教师可以及时了解到学生的家庭背景和教育需求，更好地配合学生的学习和成长。同时，学校也可以提供必要的支持和资源，帮助教师更好地开展师生交往和教学工作，促进师生之间的良好关系和合作。

教师还可以通过制定明确的师生交往政策和规范，加强师生之间的沟通和互动。通过建立健全的师生关系管理制度，明确教师和学生的权利和责任，规范师生之间的行为和交往方式，可以有效预防和解决师生之间可能存在的矛盾和纠纷，促进师生之间的和谐与共赢。

促进师生之间良好的交往对于体育教学而言至关重要。教师可以通过营造开放的沟通氛围、参与体育活动、赞扬鼓励学生、举办课外活动、加强家校合作等多种方式，增进师生之间的信任、理解和合作，共同推动教学工作的顺利进行。

（六）安排心理负荷的策略

在体育教学中，合理安排心理负荷是确保学生健康成长和提高运动表现的重要环节。心理负荷的合理安排不仅可以促进学生的学习和发展，还可以提高其对体育运动的兴趣和参与度。

建立积极的学习氛围是安排心理负荷的重要措施。教师应该营造一个积极、支持和鼓励的学习环境，让学生在这样的氛围中感到舒适和自信。通过赞扬、鼓励和正面反馈，可以提高学生的学习动机和积极性，减轻他们的学习压力和焦虑感。

适当的挑战和激励是安排心理负荷的关键。教师应该根据学生的能力和水平，设定适当的学习目标和挑战，激发他们的学习兴趣和动力。通过适度的挑战和竞争，可以激发出学生的学习潜力，提高其学习效果和成就感。

另一个重要的策略是关注学生的情绪和心理健康。教师应该关注学生的情绪变化和心理状态，及时发现并处理他们的情绪问题和心理困扰。通过倾听、理解和支持，可以帮助学生缓解压力、调整情绪，保持良好的心理健康状态。

合理安排学习任务和时间也是安排心理负荷的关键。教师应该根据学生的学习能力和时间安排，合理分配学习任务和时间，避免给学生过多的学习压力和负担。通过合理安排学习任务和时间，可以让学生有充足的时间来完成任务，减轻他们的学习压力和焦虑感。

定期进行心理素质训练和心理辅导也是安排心理负荷的有效手段。教师可以通过心理素质训练和心理辅导课程，帮助学生提高心理韧性和抗压能力，增强其应对挑战和困难的能力。通过定期进行心理素质训练和心理辅导，可以帮助学生更好地应对学习和生活中的各种压力和挑战。

与学生建立良好的师生关系也是安排心理负荷的重要措施。教师应该与学生建立信任、尊重和理解的关系，积极关注他们的学习和生活，倾听他们的意见和建议。通过与学生建立良好的师生关系，可以增强学生的归属感和自尊心，减轻他们的学习压力和焦虑感。

鼓励学生进行自我反思和自我管理也是安排心理负荷的重要手段。教师应该引导学生学会自我反思和自我管理，及时发现和解决问题，提高其解决问题的能力和自我调节的能力。通过鼓励学生进行自我反思和自我管理，可以帮助他们更好地去应对学习和生活中的各种挑战和困难。

通过建立积极的学习氛围、适当的挑战和激励、关注学生的情绪和心理健康、合理安排学习任务和时间、定期进行心理素质训练和心理辅导、与学生建立良好的师生关系以及鼓励学生进行自我反思和自我管理，可以有效地帮助教师合理安排心理负荷，优化体育教学效果，促进学生全面健康成长。

（七）激发学生动机的策略

在体育教学中，激发学生的学习动机是促进他们积极参与和持续进步的关键。学生的学习动机直接影响着他们对学习的投入程度和学习成果。教师需要采取有效的策略来激发学生的学习动机，提高其学习兴趣和参与度。

建立积极的学习氛围是激发学生动机的重要措施。教师应该营造一个充满活力、支持和鼓励的学习环境，让学生学习可以在这样的氛围中感到自信和愉悦。通过积极的师生互动、鼓励学生参与讨论和分享经验，可以激发学生的学习兴趣和积极性，提高其学习动机。

设定具有挑战性和吸引力的学习目标是激发学生学习动机的关键。教师应该根据学生的能力和兴趣，设定具有一定难度和挑战性的学习目标，激发他们的学习欲望和探索精神。通过设定具有挑战性和吸引力的学习目标，可以激发学生的学习动机和积极性，提高其学习效果和成就感。

另一个重要的策略是提供及时的反馈和认可。学生需要及时了解自己的学习进展和成绩，以便调整学习策略和努力方向。教师应该及时给予学生反馈，肯定他们的努力和进步，激发他们自身的学习动机和自信心。

提供丰富多彩的学习体验和活动也是激发学生学习动机的有效手段。教师可以设计多样化的学习任务和活动，包括小组合作、游戏竞赛、户外探索等，以吸引学生的注意力和参与度。通过提供丰富多彩的学习体验和活动，可以激发起学生的学习兴趣和动机，提高其学习效果和满意度。

定期与学生进行沟通和互动也是激发学生学习动机的重要手段。教师应该与学生建立良好的师生关系，倾听他们的意见和建议，了解他们的学习需求和兴趣爱好。通过与学生进行沟通和互动，可以更好地了解他们的需求和期望，激发其学习动机和积极性。

关注学生的个体差异和需求也是激发学学习生动机的重要方面。教师应该根据学生的个体差异和学习需求，灵活调整教学方法和策略，满足其学习需求和兴趣爱好。通过关注学生的个体差异和需求，可以更好地激发其学习动机和积极性，提高其学习效果和成就感。

树立榜样和激励学生也是激发学生学习动机的有效途径。教师可以分享一些成功故事和榜样经验，激励学生树立远大的学习目标和努力奋斗的信心。通过树立榜样和激励学生，可以激发其学习动机和积极性，提高其学习效果和成就感。

通过建立积极的学习氛围、设定具有挑战性和吸引力的学习目标、提供及时的反馈和认可、提供丰富多彩的学习体验和活动、定期与学生进行沟通和互动、关注学生的个体差异和需求、树立榜样和激励学生等策略，可以有效地激发学生的学习动机，提高其学习兴趣和积极性，优化体育教学效果。

第二节　体育教学方法的手段

一、体育教学方法的特点

（一）体育教学方法概述

体育教学方法是指在体育教学中，教师采用的各种教学手段和方式，旨在有效地传授体育知识、培养体育技能，促进学生身心健康全面发展。体育教学方法的选择和运用直接影响着教学效果和学生的学习体验。在体育教学中，常见的教学方法包括示范法、讲解法、引导法、游戏法、项目法等，下面将对这些方法进行概述。

示范法是体育教学中常用的一种方法。教师通过自己或其他学生的示范，向学生展示正确的动作和技能，帮助他们去理解和模仿。通过观察示范，学生可以更直观地了解动作要领和技术要点，提高学习效率和技能水平。示范法不仅可以帮助学生掌握技能，还可以激发他们的学习兴趣，增强参与度。

讲解法是体育教学中不可或缺的一种方法。教师通过口头或书面的方式，向学生详细解释和说明运动技能的要领和规则，帮助他们理解和掌握知识。在讲解过程中，教师可以结合图表、图片等教学辅助材料，使学生更直观地理解和接受知识。讲解法可以提供必要的理论知识支持，帮助学生建立正确的运动观念和方法论。

引导法是体育教学中一种注重学生参与和主动性的教学方法。教师通过提出问题、引导讨论、组织小组活动等方式，激发学生的思维和创造力，促使他们主动探索和发现知识。在引导过程中，教师起到指导和引导的作用，帮助学生解决问题，培养他们的自主学习能力和团队合作精神。引导法注重培养学生的综合素质和能力，有利于他们全面发展。

游戏法是体育教学中一种生动有趣的教学方法。通过设计各种体育游戏和活动，教师可以尽量调动学生的积极性和参与度，增强他们的学习兴趣和动力。在游戏中，学生可以自由发挥，尝试各种技能和策略，提高自己的运动水平和身体素质。游戏法不仅可以丰富课堂教学内容，还可以培养学生的团队合作精神和竞技意识，促进他们的身心健康发展。

项目法是体育教学中一种注重实践操作的教学方法。教师通过设置具体的运动项目和训练内容，引导学生去进行系统的实践操作和训练，帮助他们掌握和提高运动技能。在项目法中，学生可以通过反复练习和实践，逐步提高自己的技能水平和竞技能力。项目法注重实践操作，有利于学生从实践中学习，培养他们的动手能力和运动技能，提高课堂教学的实效性和针对性。

体育教学的每种方法都有其独特的特点和适用场合。教师可以根据学生的年龄、体能水平和学习需求，灵活运用各种教学方法，以提高教学效果和学生的学习体验。

（二）体育教学方法的特点

体育教学方法具有多样性和灵活性，其特点涵盖了适应性强、趣味性高、实践性强等方面。体育教学方法的特点之一是适应性强。体育教学方法能够根据学生的年龄、兴趣、能力水平等因素进行灵活调整，以满足不同学生的学习需求。这种适应性使得教师可以根据具体情况选择合适的教学方法，从而能更好地促进学生的学习和发展。

体育教学方法具有趣味性高的特点。体育教学方法通常注重活动性和参与性，通过游戏、竞赛、表演等形式激发学生的兴趣和积极性。这种趣味性不仅可以增加学生的学习动机，还可以提高其学习效果和满意度，使体育教学更加生动有趣。

另一个特点是体育教学方法的实践性强。体育教学方法注重学生的实践操作和动手能力培养，通过实际的体育活动让学生积累经验、提高技能水平。这种实践性不仅可以增强学生的学习体验，还可以加深他们对体育知识和技能的理解和掌握，从而提高其运动表现和综合能力。

体育教学方法还具有交互性和合作性的特点。体育教学通常采用小组合作、对抗性游戏等形式，鼓励学生之间相互交流、合作、竞争，促进彼此之间的学习和成长。这种交互性和合作性不仅可以提高学生的社交能力和团队合作精神，还可以丰富他们的学习经验和感受。

体育教学方法还注重个性化和差异化的特点。体育教学方法充分考虑到学生的个体差异和需求，采用灵活多样的教学手段和方法，以满足每个学生的学习需求。这种个性化和差异化的教学方法可以更好地激发学生的学习兴趣和动机，提高其学习效果和满意度。

体育教学方法还具有全面性和综合性的特点。体育教学方法不仅注重学生的身体素质和运动技能的培养，而且还注重学生的心理素质和综合能力的培养，如团队合作能力、领导能力、沟通能力等。这种全面性和综合性的教学方法可以促进学生全面健康发展，提高其综合素质和竞争力。

体育教学方法具有适应性强、趣味性高、实践性强、交互性和合作性、个性化和差异化、全面性和综合性等特点。这些特点使得体育教学方法能够更好地满足学生的学习需求，促进其全面健康发展。

二、体育教学方法的分类

（一）以教师的“教”为主的“教法”

1. 讲解法

在体育教学中，讲解法是一种重要的教学方法，它以教师的“教”为主，通过口头或书面的方式向学生详细解释和说明运动技能的要领和规则，旨在帮助学生理解和掌握知识。讲解法在体育教学中起着承上启下的作用，为学生提供必要的理论知识支持，引导他们去正确地进行体育锻炼和竞技活动。

讲解法注重对运动技能的系统解析和逻辑讲解。在体育课堂上，教师通过清晰的语言和逻辑的思路，向学生详细解释和说明各项运动技能的要领和动作要点。通过分析动作的起始、过程和结束，教师可以帮助学生深入理解运动动作的本质和规律，提高他们的技能掌握和运用能力。

讲解法注重对运动规则和战术的系统讲解和演示。在体育竞技项目的教学中，教师不仅需要向学生讲解比赛的规则和操作流程，还需要向他们演示各种战术和策略的运用。通过详细解释和生动演示，教师可以帮助学生理解比赛的要求和技术要点，提高他们的比赛技能和竞技水平。

讲解法注重对运动理论知识的传授和普及。在体育课堂上，教师可以向学生介绍运动科学、运动生理、运动心理等方面的知识，帮助他们了解运动的本质和规律。通过讲解运动理论知识，教师可以拓展学生的知识视野，增强他们的运动理解能力和运动素养，为他们的运动实践提供相应理论支撑和指导。

讲解法注重对运动技能和规则的示范和演示。在体育课堂上，教师不仅需要口头讲解和说明，还需要通过实际示范和生动演示，向学生展示正确的运动动作和技能要领。通过亲身示范，教师可以让学生更直观地理解和接受知识，提高他们的学习效率和技能水平。

讲解法注重对学生的引导和激发。在体育课堂上，教师不仅要向学生传授知识和技能,还要引导他们积极参与体育活动,激发他们的学习兴趣和学习动力。通过鼓励学生提出问题、参与讨论、展示成果等方式，教师可以激发学生的思维和创造力，促使他们主动探索和发现知识。

讲解法是体育教学中一种重要的教学方法，它以教师的“教”为主，通过系统解析和逻辑讲解，向学生传授运动技能、规则和理论知识。在体育教学中，教师可以通过清晰的讲解和生动的演示，引导学生正确地进行体育锻炼和竞技活动，促进他们的身心健康全面发展。

2. 示范法

示范法是体育教学中一种重要的教学方法，其以教师的“教”为主，通过示范和指导学生的动作和技能，帮助他们顺利理解和掌握体育运动的技术要领。这种教法的特点在于突出教师的示范和引导作用，能够有效地激发学生的学习兴趣和动机，提高他们的学习效果和技能水平。

示范法注重教师的示范表演。在体育教学中，教师通常会首先进行技术动作的示范表演，让学生观察和模仿教师的动作姿势。通过生动、准确的示范，学生可以直观地了解技术动作的要领和规范，从而更好地理解和掌握体育运动的技术技巧。

示范法强调教师的指导和引导。在示范完毕后，教师会对学生进行详细的技术分析和指导，指出动作中存在的问题和改进的方向。通过针对性的指导和引导，学生可以及时纠正错误，提高动作的准确性和规范性，从而提高其技能水平和运动表现。

另一个特点是示范法注重学生的模仿学习。在教师的示范和指导下，学生会进行模仿学习，即根据教师的示范动作进行模仿练习。通过不断的练习和模仿，学生便可以逐步掌握技术动作的要领和规范，提高其技能水平和运动表现。

示范法还注重学生的反馈和巩固。在学生进行模仿练习后，教师会及时对学生的表现进行评价和反馈，指出其优点和不足之处，并提出改进意见和建议。通过反馈和巩固，学生可以更好地理解和掌握技术动作，加深对体育运动的理解和认识。

示范法强调教师的激励和鼓励。在教学过程中，教师会给予学生积极的鼓励和肯定，激发其学习兴趣和动机。通过积极的激励和鼓励，学生可以更加自信地面对不同挑战，努力提高自己的技能水平和运动表现。

示范法作为一种以教师的“教”为主的教学方法，在体育教学中具有重要的意义和价值。它突出了教师的示范和引导作用，能够有效地激发学生的学习兴趣和动机，提高其技能水平和运动表现，促进体育教学的有效实施。

3. 演示法

在体育教学中，演示法是一种以教师的“教”为主的教学方法，通过教师或其他学生的示范动作，向学生展示正确的运动技能和动作要领，旨在帮助学生理解和模仿，从而提高他们的技能水平和竞技能力。演示法在体育教学中具有重要的作用，下面将对其进行论述。

演示法强调视觉传达，让学生通过观察示范者的动作来学习。在体育课堂上，教师或其他学生通过生动的动作示范，向学生展示正确的运动姿势和技术要领。通过直观的视觉效果，学生可以更清晰地去理解和模仿动作，提高学习效率和技能水平。

演示法注重示范者的专业性和准确性。在进行动作示范时，示范者需要具备一定的运动技能和专业知识，确保动作的准确性和规范性。通过专业的示范，学生还可以获得正确的技术指导和榜样效应，更好地掌握运动技能和动作要领。

演示法注重生动形象的示范效果。在进行动作示范时，示范者需要生动形象地展示运动动作，使学生能够清晰地理解和模仿。通过生动的示范效果，学生可以更直观地感受到运动的节奏和力度，提高他们的运动感知和控制能力。

演示法注重示范者和学生之间的交流和互动。在进行动作示范时，示范者可以与学生进行互动和沟通，解答他们的疑问和困惑，帮助他们理解和掌握技能。通过与学生的互动，示范者可以更好地了解学生的学习情况和需求，调整和优化示范效果，提高教学效果。

演示法注重示范后的反馈和评价。在进行动作示范后，教师可以对学生的表现进行评价和反馈，指出他们的优点和不足之处，帮助他们及时纠正错误，提高技能水平。通过及时的反馈和评价，学生可以更好地理解和掌握技能，不断进步和提高。

演示法是体育教学中一种重要的教学方法，它以教师的“教”为主，通过视觉传达和生动形象的示范效果，向学生展示正确的运动技能和动作要领，帮助他们去理解和模仿。在体育教学中，教师可以通过专业准确的示范和及时有效的反馈，提高学生的技能水平和竞技能力，促进他们的身心健康全面发展。

（二）以学生的“学”为主的“学法”

1. 练习法

练习法是体育教学中一种重要的学习方法，其以学生的“学”为主，通过学生自主练习和实践来掌握体育运动的技能和规则。这种学法的特点在于可以突出学生的主体地位和积极性，能够激发学生的学习兴趣和动机，提高他们的学习效果和技能水平。

练习法注重学生的自主学习。在体育教学中，学生通常会通过自主练习和实践来掌握技能动作和规则，积极参与体育活动。这种自主学习的方式能够激发学生的学习兴趣和动机，提高其学习效果和技能水平。

练习法强调学生的实践操作。在自主学习的过程中，学生会通过不断的练习和实践来巩固和提高自己的技能水平。通过实际的体育活动和练习，学生可以更加深入地理解和掌握体育运动的技术要领和规则，从而提高其运动表现和综合能力。

另一个特点是练习法注重学生的反馈和调整。在自主练习的过程中，学生会不断地对自己的表现进行评价和反思，发现问题并及时进行调整和改进。通过反馈和调整，学生可以不断提高自己的技能水平和运动表现，实现自我完善和进步。

练习法还注重学生的合作与交流。在练习过程中，学生会与同伴进行合作和交流，共同分享经验、互相学习、相互促进。通过合作与交流，学生可以更好地理解和掌握技能动作，提高团队合作能力和社交技能。

练习法强调学生的独立思考和创新能力。在自主练习的过程中，学生会根据自己的理解和体验，灵活运用技能动作和规则，发挥自己的创造力和想象力。通过独立思考和创新能力的发挥，学生可以更加灵活地应对各种复杂情况，提高其解决问题的能力和自主学习能力。

练习法作为一种以学生的“学”为主的学习方法，在体育教学中具有重要的意义和价值。它突出了学生的主体地位和积极性，能够激发其学习兴趣和动机，提高其学习效果和技能水平，促进体育教学的有效实施。

2. 游戏法和竞赛法

在体育教学中，游戏法和竞赛法是以学生的“学”为主的教学方法，强调通过参与各种游戏和竞赛活动，让学生在实践中学习、探索和提高体育技能，从而促进他们的身心健康全面发展。下面将对游戏法和竞赛法进行论述。

游戏法是一种注重学生参与和体验的教学方法。在体育课堂上，教师通过设计各种生动有趣的游戏和活动，激发学生的兴趣和动力，促使他们积极参与。通过参与游戏，学生可以在愉快的氛围中锻炼身体，提高协作能力和团队精神。游戏法不仅可以丰富课堂教学内容，还可以培养学生的各种体育技能，促进他们全面发展。

竞赛法是一种注重学生竞技和比拼的教学方法。在体育教学中，教师可以组织各种比赛和竞赛活动，让学生在竞争中学习、进步。通过参与竞赛，学生可以体验到竞技运动的乐趣和挑战，激发他们的竞争意识和斗志。竞赛法不仅可以检验学生的运动水平和竞技能力，还可以培养他们的团队合作精神和心理素质，促进他们全面成长。

游戏法和竞赛法强调学生的主动参与和体验。在体育课堂上，教师不再只是简单地传授知识，而是成为学生学习的引导者和促进者。通过设计多样化的游戏和竞赛活动，教师可以激发学生的学习兴趣，引导他们积极参与，从而提高他们的学习效果和学习动力。

游戏法和竞赛法注重学生的全面发展和个性特点。在进行游戏和竞赛活动时，教师应该根据学生的年龄、体能水平和兴趣爱好，合理安排活动内容和难度，确保每个学生都能够找到适合自己的参与方式。通过充分尊重学生的个性和需求，教师可以激发他们的潜能，以促进他们的全面发展。

游戏法和竞赛法注重学生的反思和评价。在游戏和竞赛活动结束后，教师可以与学生一起进行反思和评价，分析比赛过程和结果，总结经验和教训，帮助学生认识到自己的优点和不足之处，进一步提高自己的技能水平和竞技能力。

游戏法和竞赛法是以学生的“学”为主的教学方法，通过参与各种游戏和竞赛活动，让学生在实践中学习、探索和提高体育技能，促进他们的身心健康全面发展。在体育教学中，教师可以通过设计多样化的游戏和竞赛活动，激发学生的学习兴趣，引导他们积极参与，从而提高他们的学习效果和学习动力。

3. 自主学习法

自主学习法是体育教学中一种重要的学习方法，其以学生的“学”为主，强调学生自主探究、独立思考和自主学习。这种学法的特点在于突出了学生的主体地位和自主性，能够激发学生的学习兴趣和动机，提高他们的学习效果和技能水平。

自主学习法注重学生的自主探究。在体育教学中，学生不再是 passively receiving information，而是 actively engaging in the learning process，通过自主探究和独立思考来理解和掌握体育知识和技能。这种自主探究的方式能够激发起学生的求知欲和好奇心，使其更加深入地理解体育运动的本质和规律。

自主学习法强调学生的独立思考和创新能力。在自主学习的过程中，学生会通过自己的思考和分析，发现问题并提出解决方案，发挥自己的创造力和想象力。这种独立思考和创新能力的发挥不仅可以提高学生的问题解决能力，还可以培养其创新精神和创造力。

另一个特点是自主学习法注重学生的自主学习和自我管理能力。在自主学习的过程中，学生需要根据自己的学习需求和兴趣，选择适合自己的学习方式和学习资源，制订合适的学习计划和时间安排。这种自主学习和自我管理能力的培养可以提高学生的学习效率和自主学习能力，增强其自信心和自律性。

自主学习法还注重学生的合作与交流。在自主学习的过程中，学生可以与同伴进行合作和交流，共同分享经验、互相学习、相互促进。通过合作与交流，学生可以更好地理解和掌握体育知识和技能，提高团队合作能力和社交技能。

自主学习法强调学生的反馈和调整。在自主学习的过程中，学生需要不断地对自己的学习过程和学习成果进行评价和反思，发现问题并及时进行调整和改进。通过反馈和调整，学生可以不断提高自己的学习效果和技能水平，实现自我完善和进步。

自主学习法作为一种以学生的“学”为主的学习方法，在体育教学中具有重要的意义和价值。它突出了学生的主体地位和自主性，能够激发其学习兴趣和动机，提高其学习效果和技能水平，促进体育教学的有效实施。

（三）以师生共同参与、互动完成为主的教学方法

在体育教学中，以师生共同参与、互动完成为主的教学方法是一种非常有效的教学方式。这种方法强调教师和学生之间的合作与互动，让教学过程更加生动、灵活，有助于激发学生的学习兴趣、培养团队精神，以下将对其进行论述。

这种教学方法注重教师与学生之间的合作。在体育课堂上，教师不再是单方面的知识传授者，而是与学生共同参与其中、合作完成教学任务。通过与学生合作，教师可以更好地了解学生的学习需求和兴趣爱好，根据实际情况去调整教学内容和方法，提高教学效果和学习质量。

这种教学方法注重学生的主动参与和互动。在体育课堂上，学生不再是被动接受知识的对象，而是与教师一同参与、互动完成教学任务。通过主动参与和互动，学生可以更深入地理解和掌握知识，提高学习效率和学习兴趣，培养团队合作精神和创新能力。

这种教学方法注重教师和学生之间的平等合作关系。在体育课堂上，教师不再是唯一的权威人士，而是与学生平等相处、合作完成教学任务。通过建立起平等合作的关系，教师可以更好地与学生沟通和交流，增进彼此之间的理解和信任，促进教学目标的达成。

这种教学方法注重教师和学生之间的互动交流。在体育课堂上，教师可以通过各种方式与学生进行互动交流，如讨论、问答、小组活动等。通过互动交流，教师可以了解学生的学习情况和需求，及时调整教学策略和方法，提高教学效果和学习动力。

这种教学方法注重师生共同完成教学任务。在体育课堂上，教师和学生

共同参与、合作完成各项教学任务，共同分享教学成果和收获。通过共同完成教学任务，教师和学生可以增进彼此之间的情感联系和合作精神，共同促进课堂教学的顺利进行。

以师生共同参与、互动完成为主的教学方法是体育教学中一种非常有效的教学方式。通过教师与学生之间的合作、互动和交流，可以激发学生的学习兴趣、培养团队精神，提高教学效果和学习质量。

三、体育教学组织的概念

体育教学组织是指在体育教学过程中对课程内容、教学方法、学生活动和教学资源等进行有序安排和合理组织的过程和方法。这一概念涵盖了教学计划的制订、教学过程的组织、教学资源的利用等方面，是体育教学中至关重要的一环。

体育教学组织涉及教学计划的制订。教师需要根据教学目标、学生特点、教学内容和教学时间等因素，制订符合实际情况和教学需要的教学计划。这一计划中包括了课程目标的设定、教学内容的选择、教学方法的确定以及评价方式的规划等，为体育教学提供了有序的指导和安排。

体育教学组织涉及教学过程的组织。在实际的教学过程中，教师需要根据教学计划和学生的实际情况，灵活运用不同的教学方法和手段，组织起丰富多样的教学活动。这些教学活动包括了示范教学、小组讨论、实践操作、游戏竞赛等，旨在激发学生的学习兴趣和积极性，提高其学习效果和技能水平。

另一个重要方面是体育教学组织涉及教学资源的利用。教学资源包括了教材、设备、场地、技术支持等方面，这些资源的充分利用对于体育教学的开展至关重要。教师需要合理选择和配置教学资源，为学生提供良好的学习环境和条件，促进其全面健康发展。

体育教学组织还涉及教学环境的营造问题。良好的教学环境能够激发学生的学习兴趣和积极性，提高其学习效果和满意度。教师需要营造积极、和谐、互动的教学氛围，鼓励学生勇于探索、积极参与，共同促进教学目标的实现。

体育教学组织还包括对学生的个性化指导和帮助。每个学生都具有不同的学习特点和需求，教师需要根据学生的个体差异，灵活调整教学方法和策略，给予个性化的指导和帮助，以最大程度地满足学生的学习需求和发展要求。

体育教学组织还涉及到教学评价和反馈。教学评价是对学生学习情况和教学效果的客观反映，它能够帮助教师及时发现问题和改进教学方法，促进教学质量的提高。教师需要合理选择评价方式和方法，及时对学生的学习情况和教学效果进行评价和反馈，为教学改进提供有效的参考。

体育教学组织是体育教学中的重要环节，它涉及教学计划的制订、教学过程的组织、教学资源的利用、教学环境的营造、个性化指导和帮助以及教学评价和反馈等方面。合理的教学组织能够有效地促进学生的学习和发展，提高体育教学的质量和效果。

四、体育教学组织的基本形式

在体育教学中，组织形式的选择对于课堂教学效果和学生的学习体验至关重要。体育教学的基本形式包括单一教学、分组教学和全班教学等，每种形式都有其独特的特点和适用场合。以下将对体育教学组织的基本形式进行论述。

单一教学是指教师针对个别学生进行个性化教学，一对一地进行指导和辅导。这种教学形式适用于针对学生个体差异较大、需要个别指导的情况。在体育教学中，单一教学可以帮助教师去更好地了解学生的学习需求和困难，针对性地进行教学设计和指导，提高学生的学习效果和个人技能水平。

分组教学是指教师将学生分成若干小组进行教学活动，每个小组都是由若干名学生组成，学生之间相互合作、协作完成教学任务。这种教学形式适用于提高学生的团队合作能力和协作精神，培养学生的团队意识和责任意识。在体育教学中，分组教学可以通过小组竞赛、合作游戏等形式，激发学生的学习兴趣和参与度，提高教学效果和学习动力。

全班教学是指教师针对整个班级进行集体教学活动，教师向全班学生统一讲解、演示和指导。这种教学形式适用于讲解性强、技能普及性广的教学内容，能够提高学生的整体水平和统一标准。在体育教学中，全班教学可以通过集体操、示范运动等形式，统一规范学生的动作和技能，促进学生的集体荣誉感和凝聚力。

除了单一教学、分组教学和全班教学外，体育教学还可以采用混合教学的形式，即将多种教学形式结合起来，根据教学内容和学生需求做到灵活运用。例如，可以通过分组教学进行技能训练，通过全班教学进行技能演示，再通过单一教学进行个性化辅导，使教学更加灵活多样，更好地满足学生的学习需求。

在选择体育教学组织的基本形式时，教师需要根据教学内容、学生特点、教学目标等因素综合考虑，灵活运用各种教学形式，使教学更加生动有趣，更加有效地提高学生的学习效果和学习体验。

（一）集体教学

1. 班级授课制

班级授课制，也称为集体教学，是体育教学中一种常见的教学组织形式。它以整个班级为单位进行教学活动，通过集体授课、集体训练等方式，促进学生之间的合作与交流，达到共同提高的目的。这种教学方式具有许多特点和优势，在体育教学实践中得到了广泛的应用和认可。

班级授课制强调团体合作和集体意识。在班级授课中，学生不再是孤立的个体，而是作为一个整体参与到教学活动中。通过集体协作、共同训练，学生之间形成了密切的合作关系和团队精神，提高了班级凝聚力和集体荣誉感。

班级授课制注重教师的集中指导和统一管理。在班级授课中，教师可以通过统一的教学安排和管理，对学生进行集中指导和统一组织。这种集中指导和统一管理能够提高教学效率，保证教学质量，为学生的全面发展提供良好的保障。

另一个特点是班级授课制有利于充分利用教学资源和设备。在班级授课中，教师可以根据班级规模和教学需求，合理配置教学资源和设备，充分利用有限的教学条件，为学生提供良好的学习环境和条件，促进其全面发展。

班级授课制还注重学生之间的交流与竞争。在班级授课中，学生可以更好地与同学进行交流和比拼，相互学习、相互促进。通过交流与竞争，学生可以更好地发现自己的不足和提高空间，激发学习动力，不断提高自己的技能水平和综合素质。

这里还值得一提的是，班级授课制有利于培养学生的集体荣誉感和责任意识。在班级授课中，学生通过集体训练、集体比赛等活动，共同争取优异成绩，为班级荣誉和集体荣誉而努力奋斗。这种集体荣誉感和责任意识有利于培养学生的集体主义精神和社会责任感，促进其全面发展和成长。

班级授课制还有利于教师对学生的全面指导和关怀。在班级授课中，教师可以更加全面地了解学生的学习情况和生活状况，为他们提供个性化的指导和关怀。通过关心和支持，教师可以更好地引导学生健康成长，促进其身心健康发展。

班级授课制作为一种集体教学的组织形式，在体育教学中具有许多特点和优势。它强调团队合作、集中指导、充分利用教学资源、学生交流与竞争、集体荣誉感和责任意识、全面指导和关怀等方面，有利于促进学生的全面发展和提高体育教学的质量。

2. 分组教学制

在体育教学中，分组教学制和集体教学是两种常见的教学组织形式，它们各有特点，适用于不同的教学情境和学生群体。分组教学制强调学生之间的合作和协作，通过小组竞赛、合作游戏等形式，促进学生的团队精神和合作意识。而集体教学则是教师对整个班级进行集体讲解、演示和指导，旨在提高学生的整体水平和统一标准。以下将对这两种教学组织形式进行论述。

分组教学制是一种重视学生合作和协作的教学形式。在分组教学中，教师将学生分成若干小组，每个小组由若干名学生组成，学生之间相互合作、协作完成教学任务。通过小组合作，学生可以互相帮助、共同学习，提高团队合作能力和协作精神。分组教学制不仅可以培养学生的团队意识和责任意识，并且还可以激发学生的学习兴趣和参与度，促进他们的身心健康全面发展。

分组教学制注重学生个体差异的充分发挥。在分组教学中，每个小组由若干名学生组成，学生之间在小组内可以相互交流、互相学习，充分发挥个体差异，互相取长补短。通过小组合作，学生可以根据自己的兴趣和特长选择合适的角色和任务，充分发挥自己的潜能，提高学习效果和学习动力。

分组教学制注重学生自主学习和自主管理能力的培养。在分组教学中，学生需要自主组织、安排和管理小组活动，自主解决各种问题和困难。通过自主学习和自主管理，学生可以提高自己的学习能力和解决问题的能力，培养自信心和独立思考能力，为将来的学习和生活奠定良好的基础。

与分组教学制相比，集体教学强调整个班级的集体学习和统一指导。在集体教学中，教师对整个班级进行集体讲解、演示和指导，旨在提高学生的整体水平和统一标准。通过集体教学，教师可以向全班学生传授相同的知识和技能，确保学生可以掌握相同的基础知识和技能，提高教学效果和学习质量。

集体教学注重整体规范和统一管理。在集体教学中，教师可以统一规范学生的动作和技能，统一安排学生的学习进度和内容，确保教学进程的顺利进行。通过整体规范和统一管理，教师可以更好地掌握教学节奏和进度，提高教学效果和学习效率，为学生的综合发展奠定坚实基础。

分组教学制和集体教学是体育教学中常见的两种教学组织形式，它们各有特点，适用于不同的教学情境和学生群体。分组教学制注重学生合作和协作，强调学生个体差异的充分发挥，注重学生自主学习和自主管理能力的培养；而集体教学则强调整个班级的集体学习和统一指导，注重整体规范和统一管理。在实际教学中，教师可以根据教学内容、学生特点和教学目标灵活运用这两种教学组织形式，提高教学效果和学习质量。

（二）个别教学

个别教学是指教师针对个别学生的特点和需求，采用个性化的教学方法和策略，进行一对一或小组教学的方式。在体育教学中，个别教学被视为一种重要的教学手段，能够更好地满足学生的学习需求，促进其个性化发展和全面提高。

个别教学强调了学生的个性化学习需求。每个学生都具有独特的学习特点、兴趣爱好和能力水平，教师需要针对每个学生的个体差异，量身定制个性化的教学方案，满足其学习需求，实现个性化发展。

个别教学注重了教师的个性化指导和关怀。在个别教学中，教师与学生之间建立了更为密切的关系，能够更加深入地了解到学生的学习情况和生活状况，为他们提供个性化的指导和关怀。这种个性化指导和关怀有助于激发学生的学习兴趣和动机，提高其学习效果和满意度。

另一个特点是个别教学强调了学生的自主学习和自我管理能力。在个别教学中,学生需要根据自己的学习需求和兴趣,积极参与学习过程,主动探索、自主学习。通过自主学习和自我管理，学生可以更好地掌握学习方法和技巧，提高学习效率和自主学习能力。

个别教学还注重了学生的反馈和调整。在个别教学中，教师会及时对学生的学习情况和表现进行评价和反馈，指出其优点和不足之处，并提出改进意见和建议。通过反馈和调整，学生可以及时纠正错误，提高学习效果和技能水平，同时实现自我完善和进步。

还值得一提的是，个别教学有利于培养学生的自信心和自主学习能力。在个别教学中，学生可以更加放心地表达自己的想法和意见，充分展示自己的才华和潜力。通过自信心的培养和自主学习能力的提高，学生可以更加积极地面对挑战，勇于探索、勇于创新，实现自我价值的最大化。

个别教学还有利于促进学生的全面发展。通过个别教学，教师可以根据学生的兴趣爱好和特长，开展个性化的教育活动，促进其身心健康发展和全面提高。这种个别教学的实施有利于激发学生的学习兴趣和潜能，培养其综合素质和创新能力，促进其全面发展和成长。

个别教学作为一种重要的教学手段，在体育教学中具有重要的意义和价值。它强调了学生的个性化学习需求、教师的个性化指导和关怀、学生的自主学习和自我管理能力、反馈和调整、自信心和自主学习能力的培养、全面发展等方面，为体育教学的改革和发展提供了重要的思路和方法。

五、体育教学组织的基本过程

（一）体育课的准备

在进行体育教学时，教师的准备工作至关重要，而体育教学的组织过程也是需要进行精心安排和细致管理的。下面将对体育课的准备和体育教学组织的基本过程进行论述。

体育课的准备是确保教学顺利进行的关键。教师在准备体育课时，首先需要制定好详细的教学计划和教学目标，明确教学内容和教学重点。教师需要准备好必要的教学材料和教学器材，如体育场地、器械设备、训练道具等，确保教学设施完备、安全可靠。同时，教师还需要对学生进行适当的分组和分级，合理安排教学任务和教学活动，确保每个学生都能够得到充分的指导和帮助。

体育教学的基本过程包括教学准备、教学实施和教学总结三个环节。在教学准备阶段，教师需要对教学内容和教学方法进行认真研究和准备，确保教学过程顺利进行。在教学实施阶段，教师需要根据教学计划和教学目标，有条不紊地进行教学活动，引导学生积极参与、主动学习。在教学总结阶段，教师需要对教学过程进行及时总结和评价，分析教学效果和问题，为下一次教学做好充分准备。

体育教学的组织过程需要注重学生的参与和反馈。在教学过程中，教师应该充分尊重学生的个性和需求，关注他们的学习情况和学习体验，及时调整好教学方法和策略，激发学生的学习兴趣和学习动力。同时，教师还应该引导学生主动参与、积极反馈，鼓励他们提出问题、发表意见，促进教学过程的互动和共同进步。

体育教学的组织过程还需要注重教学环境和教学氛围的营造。在教学过程中，教师应该营造积极向上的教学氛围，鼓励学生敢于尝试、勇于挑战，培养他们的自信心和创新能力。同时，教师还应该关注教学环境的安全和舒适，确保学生能够在良好的环境中学习、成长。

体育教学的组织过程还需要注重教学效果和教学评价。在教学过程中，教师应该及时对学生的学习情况和教学效果进行评价和反馈，分析教学问题和教学难点，及时调整教学方法和策略，提高教学效果和学习质量。同时，教师还应该鼓励学生自我评价和互相评价，培养他们的学习自觉性和自我管理能力，实现教学目标的最终实现。

体育课的准备和体育教学的组织过程是体育教学中的两个重要环节，它们需要教师精心策划和周密安排，以确保教学目标的顺利实现和学生的全面发展。在实际教学中，教师应该根据教学内容、学生特点和教学目标灵活运用各种教学方法和教学手段，提高教学效果和学习质量。

（二）体育课的实施

体育课的实施是体育教学组织的基本过程，它涵盖了从教学准备到教学实施再到教学总结的全过程。在这个过程中，教师需要充分考虑学生的特点和需求，灵活运用不同的教学方法和手段，创设良好的教学氛围，以提高学生的学习积极性和参与度，达到教学目标。

体育课的实施需要进行充分的教学准备。在教学准备阶段，教师需要对教学内容、教学目标、教学方法、教学资源等进行认真的分析和设计，制定出合理的教学计划和教学方案。这包括了课程目标的明确、教学内容的选择、教学方法的确定、教学资源的准备等，为教学实施奠定了良好的基础。

体育课的实施需要注重教学方法的灵活运用。在教学过程中，教师可以根据教学内容和学生的实际情况，灵活运用不同的教学方法和手段，如示范教学、讨论教学、实践操作、游戏竞赛等，以激发学生的学习兴趣和积极性，提高其学习效果和技能水平。

另一个重要方面是体育课的实施需要创设良好的教学氛围。在教学过程中，教师需要营造积极、和谐、互动的教学氛围，鼓励学生勇于探索、积极参与，共同促进教学目标的实现。这种良好的教学氛围能够激发学生的学习兴趣和动机，提高其学习积极性和参与度。

体育课的实施还需要注重教学过程的引导和管理。在教学过程中，教师需要对学生进行有效的引导和管理，引导学生积极参与学习活动，管理好课堂秩序，确保教学顺利进行。这种引导和管理能够提高教学效率，保证教学质量，为学生的全面发展提供良好的保障。

还值得一提的是，体育课的实施需要重视学生的个别差异和需求。在教学过程中，教师需要充分考虑学生的不同特点和学习需求，采取个性化的教学方法和策略，满足其学习需求，实现个性化发展。这种个别差异的关注和尊重有助于激发学生的学习兴趣和动机，提高其学习效果和满意度。

体育课的实施还需要进行有效的教学评价和反馈。在教学过程中，教师需要对学生的学习情况和教学效果进行及时的评价和反馈，指出其优点和不足之处，并提出改进意见和建议。通过教学评价和反馈，教师可以及时发现问题和调整教学方法，提高教学质量，促进学生的全面发展和成长。

体育课的实施是体育教学组织的基本过程，它涵盖了教学准备、教学方法的灵活运用、教学氛围的创设、教学过程的引导和管理、个别差异的关注和尊重、教学评价和反馈等方面。合理有效的教学实施能够提高学生的学习积极性和参与度，促进其全面发展和成长。

六、体育教学组织形式的发展趋势

（一）班级授课制仍是基本组织形式

至今，班级授课制的优势仍无法被其他教学组织形式所替代。凭借数百年的历史，班级授课制在教学效率、学生间互动与情感交流、集体精神和个性品质培养等方面均表现出显著优势。尽管它曾受到批评，但至今依然未有能完全取代其地位的组织形式出现。随着不断的完善与更新，以及与其他教学形式的结合，班级授课制展现出强大的生命力，并仍将是体育教学的主要组织形式。

（二）班级教学规模小型化

班级教学的小型化对于充分发挥课堂教学的优势至关重要。小班教学能够减少教师的备课工作量，节省管理学生和维持课堂纪律的时间，使教师能够更专注于教学工作，从而提高教学效果和质量。小班教学还能增加教师与每个学生的互动机会，及时解答学生的疑问，使每个学生都有更多的参与机会，有利于因材施教，从而更好地去满足学生的学习需求。

（三）教学组织形式多元化

随着科技的发展，教学组织形式已不再局限于传统的学校课堂。现代社会倡导多元化的教学形式，包括课外和校外活动在内的多种教学方式已成为教学的重要补充和扩展。这些活动丰富多彩，吸引着不同年龄和兴趣的学生参与，其中为他们提供了更广阔的学习平台和更丰富的学习内容。

（四）体育教学组织形式从“教”向“学”的方向发展

传统的体育教学模式以教师为中心，学生被动接受知识，这就导致了学生被动消极的学习态度。现代体育教学理念提倡以学生为中心，从教学思想、设计、方法和管理等方面促进学生的主动学习和合作学习。这种教学组织形式能够激发学生的学习兴趣，培养其主动发现和探索精神，同时为他们创设情境，帮助他们获取和保持大量知识。

这些重新论述后的内容依然突出了班级授课制的重要性，小班教学的优势，教学形式多元化的趋势，以及体育教学由“教”向“学”的发展方向。

七、体育教学手段概述

（一）体育教学手段的概念

体育教学手段是教学中师生相互传递信息的工具、媒体或设备。随着科技的进步，教学手段经历了口头语言、文字、书籍、印刷教材、电子视听设备和多媒体网络技术等阶段。传统的教学手段包括教科书、粉笔、黑板、挂图等，而现代化的教学手段则涵盖了各种电化教育器材和教材，如幻灯机、投影仪、录音机、录像机、电视机、电影机、VCD 机、DVD 机、计算机等，这些设备被引入进体育课堂，作为直观教具应用于体育教学中。

（二）体育教学手段和体育教学方法的区别

体育教学方法是教师和学生为实现教学目标而有计划地采用的教学活动和行为方式。它主要体现在每节体育课的教学过程中，是一种有计划的、具有技术性的教学活动方式，是师生互动的核心。而体育教学手段则是用于师生传递信息和加强学习的辅助性工具，它是体现为“有形”的实物形态，如幻灯片、投影仪、录音机等。在没有教学手段的情况下，教学任务仍然能够完成，但有了教学手段，教学任务会更为理想，学生的学习效果也会更好。

（三）现代体育教学手段的分类

现代体育教学手段的分类多样且广泛，可以根据其特点和运用方式进行分类。在体育教学中，这些手段不仅丰富了教学内容，并且还提高了教学效果和学生的学习体验。下面将这些手段进行分类并加以论述。

传统体育教学手段是一类历史悠久、基础扎实的教学方法，包括示范教学、讲解教学、练习训练等。这些手段主要通过教师的示范和讲解，以及学生的反复练习和训练来达到教学目的。传统体育教学手段强调基础动作的训练和技能的掌握，是体育教学中不可或缺的一部分。

现代技术手段是指利用现代科技设备和信息技术手段进行体育教学的方法，包括视频教学、电子教材、虚拟仿真、智能设备等。这些技术手段能够生动直观地展示出体育动作和技能，提供丰富多样的学习资源，为学生提供个性化、多样化的学习体验，提高了教学的趣味性和有效性。

另一个分类是个性化教学手段，它注重根据学生的个体差异和学习需求，采用个性化的教学方法和策略进行教学。个性化教学手段包括情感教学、游戏化教学、项目化教学等。这些手段能够更好地激发学生的学习兴趣和动机，提高其学习效果和满意度，促进其全面发展和个性化成长。

合作学习手段是一种重要的教学方法，它强调学生之间的合作与交流，共同完成学习任务，实现共同提高。合作学习手段包括小组合作、伙伴学习、团队竞赛等。这些手段能够培养学生的团队合作精神和社交能力，促进他们的学习和成长。

体验式教学手段是一种通过体验和实践来进行教学的方法，强调学生的亲身体验和感受。体验式教学手段包括实地考察、户外探索、体验活动等。这些手段能够增强学生的学习兴趣和参与度，提高其学习效果和技能水平，促进其全面发展和成长。

现代体育教学手段包括传统体育教学手段、现代技术手段、个性化教学手段、合作学习手段和体验式教学手段等多种分类。这些手段各具特点，可以根据教学目标、学生特点和教学环境的不同进行灵活运用，以提高体育教学的效果和质量，促进学生的全面发展和成长。

（四）现代教学手段的特性

1. 重现性

重现性指的是教学手段能够在不受时间和空间限制的情况下，将记录、存储的内容随时重新使用的能力。不同的教学手段具有不同程度的重现性。例如，实时的广播和电视节目是一种即时性的传播方式，内容随着时间的推移而消失，难以重现；而录音、录像以及电影等手段则能够将信息记录下来并反复重放，具有较强的重现性；而幻灯片、投影和计算机课件等则能根据教师和学生的需求随时重新展示内容，具有较高的重现性。

2. 表现性

表现性指的是各种教学手段表现客观事物的时间、空间、声音、颜色以及运动特征的能力。不同的教学手段使用着不同的符号来描述事物，因此对于事物的运动状态和规律具有不同的表现能力。例如，电影和录像能够通过视觉和听觉多方面呈现事物的形态和运动过程，具有较高的表现性；而幻灯片和投影则主要通过静态的图像来呈现信息，表现性相对较低。

3. 传播性

传播性指的是教学手段将各种信息传递到一定的空间范围内再现的性质，包括无限接触和有限接触两种形式。例如，计算机网络和有线电视系统能够将信息传送至较广范围内，具有较强的传播性；而幻灯片、投影、录音和录像等手段则只能在有限的教学场所内播放，传播范围相对较窄。

4. 参与性

参与性指的是学习者在使用教学手段时能够有参与活动的机会，包括行为参与和情感参与。例如，电影、电视和广播等具有较强的表现力和感染力，容易引起学生情感上的共鸣和反应，从而激发起学生的参与度；而多媒体计算机的交互作用则能够使学习者根据自己的学习需要控制学习进程，具有较高的参与性。

5. 可控性

可控性是指使用者对教学手段操纵和控制的难易程度。幻灯片、投影、录音、录像以及计算机等手段相对容易操纵，并且适合于个别化学习，因为学习者可以根据自己的需要自主选择学习内容和进度；而广播和电视等传统媒体则受播出时间和内容安排的限制，学习者的自主性较低，可控性相对较弱。

八、现代体育教学手段的运用

（一）体育教学手段运用的基本模式

在体育教学中，有两种基本的教学手段运用模式：辅助式和直接式。

辅助式模式是指体育教师在课堂教学中，根据教学任务和要求，主要依靠教学媒体向学生传授理论知识或传递教学信息，并通过师生之间的双向反馈进行教学。这种模式要求教师选择合适的教学媒体，并采用适当的教学方法。在体育教学中，常常会采用这种模式来进行新知识的传授和学习。

直接式模式是指学生在体育教师的组织安排下，直接借助于教学媒体进行体育学习。这种模式适用于具有一定身体锻炼或体育与健康理论知识基础的学生。在这种模式下，学生可以直接参与进体育活动或体育实践，通过实际操作来学习和掌握相关知识和技能。

（二）现代体育教学手段的选择和运用

体育教学是培养学生身体素质、促进健康成长的重要环节，而选择和运用现代化的体育教学手段则是推动体育教学水平不断提高的关键。在当今社会，随着科技的不断发展和教育理念的更新，教师们需要灵活运用各种现代体育教学手段，以激发学生的学习兴趣、提高教学效果。

利用多媒体技术是现代体育教学不可或缺的手段之一。通过投影仪、电子白板等多媒体设备，教师可以将体育知识呈现得形象生动，使学生可以更加直观地理解和掌握知识。例如，在教学篮球运动时，通过播放篮球比赛录像，向学生展示优秀运动员的技术动作，可以激发学生的学习兴趣，提高他们的学习积极性。

运用互联网资源也是现代体育教学的重要手段之一。教师可以利用互联网平台，如在线视频、教学网站等，获取丰富的教学资源，为学生提供更加多样化、个性化的学习体验。例如，在教学体育课程设计时，教师可以通过搜索相关网站，找到各种不同难度和风格的训练课程，根据学生的实际情况进行选择和调整，以满足不同学生的学习需求。

运用智能化设备也可以提升体育教学的效果。随着智能穿戴设备的不断发展，如智能手环、智能眼镜等，教师可以实时监测到学生的运动数据，及时发现问题并进行调整。例如，在教学长跑项目时，通过智能手环记录学生的心率、步频等数据，可以帮助教师更好地了解学生的身体状况，制定更加科学合理的训练计划。

注重游戏化教学也是现代体育教学的一大特点。通过设计富有趣味性和挑战性的游戏，教师可以激发学生的竞争欲望，增强学生的参与度和学习兴趣。例如，在教学足球运动时，可以设计各种足球比赛和小游戏，让学生在游戏中体验运动乐趣，提高自身技术水平。

选择和运用现代化的体育教学手段对于提高体育教学效果具有重要意义。教师们应当不断学习和探索，积极运用各种现代技术手段，为学生创造更加丰富、生动的学习环境，推动体育教育不断向前发展。

第三节　体育教学方法实践研究

一、体育课程实施的意义

（一）体育课程实施是体育课程改革的重要环节

体育课程改革是一项综合性工程，其中课程实施是至关重要的一环。在体育课程改革的全过程中，课程设计、实施和评价三者相辅相成，缺一不可。课程设计是为体育课程改革奠定基础的起始环节，通过制定课程标准、编写教科书等来确立改革的目标和具体方案。而课程实施则是将设计好的理念和方案变为现实的过程，它包括动员阶段、最初使用阶段和常规化阶段。课程实施的成功与否直接影响着体育课程改革的成效。在实施过程中，课程评价扮演着重要角色，它不仅对课程实施结果进行评价，还涉及对设计质量和实施过程的评估，为改进提供有效反馈。

从体育课程计划和实施的关系来看，二者之间存在着理想与现实、预期结果与实现结果之间的转化过程。课程设计提供了可能性，而课程实施则是将这种可能性转化为现实的关键环节。课程实施是体育课程改革能否成功的关键所在，只有经过有效的实施，才能实现设计的理想目标。

（二）体育课程实施是体育课程价值生成的实质性环节

体育课程的真正价值在于实施阶段的生成。体育课程价值主要体现在增进学生身心健康和提高体育文化素养两个方面。体育课程旨在通过体育活动促进学生的身心健康发展，同时培养他们对体育文化的认知和理解。追求健康是人类的基本需求，而体育则是实现这一需求的最佳途径。

在我国，体育课程改革的目标之一就是增进学生的身心健康。体育课程实施的核心任务之一就是实现这一目标。体育课程还应关注学生的体育文化素养，培养他们对体育的兴趣和理解，以及掌握体育知识和技能，从而使他们能够终身受益于体育活动。

确保体育课程的健康促进价值和体育文化素养的生成，关键在于有效的实施。如果体育课程改革仅停留在设计阶段，而对实施过程不加重视，那么体育课程的真正价值将无法得以体现出来。

（三）体育课程实施是体育教师专业发展的过程

体育教师在体育课程实施中发挥着至关重要的作用。他们对新课程的理解和参与是实施新课程的前提，决定着课程实施的走向。体育教师需要根据具体的课程情境，对课程目标、内容和方法进行调整和适应。促进体育教师的专业发展是体育课程改革成功的关键。

体育课程实施不仅是一种技术活动，更是一种教师专业素养的体现。只有具备良好的专业素养，体育教师才能够有效地实施新课程，并将其真正转化为学生的身心健康和体育文化素养的提升。体育教师的专业发展应成为体育课程改革的重要内容之一。

体育课程实施是体育课程改革不可或缺的重要环节，它直接关系着改革的成效和课程的价值实现。只有通过有效的实施，体育课程改革才能取得真正的成功，体育教育事业才能不断向前发展。

二、体育课程实施的本质

（一）课程实施本质的两种主流观点

课程实施本质涉及到的两种主流观点，一直是教育界的焦点话题。在体育教学领域，学者们就此展开了深入的讨论与研究。其中，有一种观点认为课程实施的本质在于注重学生的身心健康发展，而另一种观点则强调了课程的目标导向和结果评估。

有一种主流观点认为课程实施的本质在于关注学生的身心健康发展。在体育教学中，注重学生的身心健康发展是至关重要的。这种观点强调体育课程不仅仅是为了培养学生的运动技能，更重要的是要促进学生的全面发展。通过体育活动，学生可以增强体质、提高心肺功能，并培养团队合作精神和竞技意识。课程实施的本质应该是为了让学生在体育活动中可以得到全面的发展，不仅在身体上健康成长，同时也在心理素质和社交能力方面得到一定提升。

另一种主流观点则认为课程实施的本质在于目标导向和结果评估。在体育教学中，确立清晰的教学目标并通过评估来检验学生的学习成果是非常重要的。这种观点认为，课程实施的本质在于通过有效的教学设计和评估方法来确保学生可以达到既定的学习目标。教师应该根据学生的年龄、能力和兴趣制订相应的教学计划，并通过不同形式的评估来检验学生的学习情况。只有通过目标导向的教学和结果评估，才能够确保体育课程的有效实施，促进学生的全面发展。

体育教学中课程实施的本质涉及到两种主流观点：一种是关注学生的身心健康发展，另一种是强调目标导向和结果评估。这两种观点各有其重要性，体育教学者应该在实践中兼顾二者，以促进学生的全面发展。只有在关注学生身心健康的同时，确立清晰的教学目标并通过评估来检验学生的学习成果，才能够实现体育教学的最终目标，为学生的健康成长提供坚实的保障。

（二）从课程层次理论看体育课程实施的本质

在体育课程实施的本质方面，课程层次理论提供了深入的理解。体育课程的本质在于促进学生身心健康的全面发展。通过体育课程，学生能够锻炼身体、培养体魄，提高身体素质和协调能力，从而增强免疫力，预防疾病，保持身心健康。

在体育课程的实施中，课程层次理论揭示了培养学生运动技能的重要性。体育课程不仅仅是一堂简单的运动课，还是通过有计划、有组织的活动，引导学生掌握各种运动技能，如篮球、足球、游泳等，培养他们的体育兴趣和运动技能，为他们今后的生活打下良好的基础的课程。

体育课程实施的本质还在于促进学生的团队合作和沟通能力。在团体运动中，学生需要与队友密切合作，协调行动，共同实现团队目标。通过体育课程，学生学会了倾听他人意见、尊重他人、合作共赢，这些能力在日常生活和工作中同样至关重要。

再者，在课程层次理论的指导下，体育课程的本质还在于培养学生的自我管理和自我监控能力。在体育活动中，学生需要自我调节身体状态、掌握正确的运动技巧，时刻关注自己的运动状态，保持良好的运动习惯。这种自我管理和自我监控的能力不仅在体育活动中有用，在学习和生活中同样至关重要。

在体育课程实施的本质方面，课程层次理论强调了促进学生身心健康发展的重要性。通过体育课程，学生能够释放压力，缓解焦虑，增强自信心，培养积极乐观的心态，从而更好地应对生活中的各种挑战，实现全面发展。

从课程层次理论的角度来看，体育课程实施的本质在于促进学生身心健康的全面发展，培养学生的运动技能、团队合作能力、自我管理能力以及身心健康意识，为他们未来的成长和发展打下坚实的基础。

三、体育课程实施的含义

（一）体育课程实施是学校与体育课程设计相互适应的过程

体育课程实施的有效性在很大程度上取决于学校与体育课程设计之间的适应性。学校是体育课程实施的基本场所，同时也是实施效果的重要因素之一。当前我国体育课程改革的一个显著特点是放宽了对中小学体育课程管理的规定，实行了国家、地方、学校的三级管理体制。这种管理体制旨在统一性与灵活性相结合，使体育课程能够更好地适应各地区、各学校的实际情况和学生的需求。

体育课程的设计需要充分考虑国家体育与健康课程标准对地方、学校及学生的适应性。国家标准应兼顾我国广泛的地域差异和学生的多样性，使得体育课程具有普遍适用性。与此同时，学校也应主动适应体育课程的实施需求。学校在考虑地方社会、经济发展情况的基础上，结合自身的条件、体育传统和学生需求，制定适合本校的体育课程实施方案，并推进新课程的实施。

这种相互适应的过程可以保证体育课程的顺利实施，并使其能更好地服务于学生的身心健康。

（二）体育课程实施是促进学生身心健康协调发展的过程

体育课程的实施旨在促进学生身心健康的协调发展。学生的全面健康发展是体育课程实施的根本目标，也是体育教育的核心任务之一。体育课程应当面向全体学生，兼顾学生的不同特点和发展需要，注重培养学生身体素质、心理素质和社会适应能力。

我国的教育改革纲要明确提出了“健康第一”的指导思想，强调体育课程的重要性。体育课程的实施应当贯彻这一思想，致力于提高学生在校期间的健康水平，并培养他们终身参与体育活动的意识和能力。体育课程实施的过程中，应当注重学生的身心健康，关注他们的健康意识和终身体育能力的培养，以促进他们身心健康的协调发展。

（三）体育课程实施是体育教师主动实现专业发展的过程

体育教师在体育课程实施中扮演着重要角色，他们是课程实施的主要执行者和推动者。体育课程的实施需要教师具备良好的专业素养和教育理念，能够灵活运用各种教学方法和手段，充分调动起学生的学习积极性和参与度。体育教师应当主动参与课程实施的过程，根据实际情况对课程进行调整和改进，不断提升自己的专业水平和教学能力。

新课程的实施为体育教师提供了发展的机遇和挑战。在新课程的实施过程中，体育教师需要不断学习和探索，积极参与教学创新和实践活动，提高自己的教学水平和专业素养。只有这样，体育教师才能更好地发挥自己在课程实施中的作用，推动体育课程改革向前不断发展。

四、体育课程实施过程的实质

（一）体育课程实施是一个相互理解的过程

在体育课程实施过程中，教师与课程设计者之间的相互理解至关重要。传统观念中，体育课程的实施被视为教师单向接受课程设计者的指导和要求。

然而，这种单向理解观念却忽略了教师与课程设计者之间的互动与合作。事实上，体育课程实施是一个双向的、相互理解的过程。

教师与课程设计者之间的理解应该是相互促进的。教师需要理解课程设计者的意图和主旨，以便可以准确地实施体育课程。同时，课程设计者也应该理解教师的实际情况和需求，以便设计出更加贴近实际的课程方案。这种相互理解的过程需要通过充分的沟通和交流来实现，双方应该坦诚相待、共同探讨，以达成共识并最终实现课程目标。

当前，“自下而上”的校本课程开发模式体现了教师与课程设计者之间相互理解的趋势。在这种模式下，教师与课程设计者可以直接对话、交流，共同参与课程的制定和实施过程，从而达成更好的理解和合作。这种双向的相互理解有助于确保体育课程实施的顺利进行，并提升课程的质量和效果。

（二）体育课程实施是一个互动对话的过程

体育课程实施过程不仅是教师与课程设计者之间的对话，还包括了师生之间的互动对话。教师与课程设计者之间的对话是为了确保课程的准确实施，而师生之间的对话则是为了促进学生的参与和理解。

在课堂教学中，师生之间的对话是教学活动的重要组成部分。通过对话，教师可以了解到学生的学习情况和需求，及时调整教学策略和方法，以提高教学效果。同时，学生也可以通过对话表达自己的想法和观点，促进思维的碰撞和交流，从而更好地理解课程内容。

教师与学生之间的对话是一种平等、双向的交流方式，有助于建立良好的师生关系，激发学生的学习兴趣和积极性。在这种对话过程中，学生的主体地位得以体现，他们的参与感和归属感也会得到增强，从而更好地投入到学习中去。

（三）体育课程实施是一个意义建构的过程

体育课程实施的最终目的是为了促进学生的健康成长和全面发展。这一目标需要通过教师与课程设计者之间的相互理解和互动对话来实现。在这个过程中，教师和课程设计者共同构建课程的意义和目标，以确保课程的有效实施。

促进学生的健康成长是体育课程实施的核心价值所在。教师与课程设计者之间的相互理解和合作，有助于确保课程的质量和效果，从而更好地实现课程的意义和目标。同时，师生之间的互动对话也是课程意义建构的重要途径，通过对话，学生可以更好地理解课程内容和目标，从而更好地参与到学习中去。

体育课程实施是一个复杂而综合的过程，它涉及到教师与课程设计者之间的相互理解和合作，以及师生之间的互动对话。只有通过双方的共同努力，才能确保课程的顺利实施，从而实现课程的意义和目标。

五、体育课程实施策略的分类

体育课程实施策略的分类是体育教学中的一个重要议题，对于提高教学效果和促进学生全面发展具有重要意义。在体育教学领域，各种不同的实施策略被提出和应用，它们可以被分为几类以便更好地理解和应用。

一种常见的分类是基于教学内容和方法的策略。在体育教学中，教学内容的选择和教学方法的运用直接影响着教学效果。可以将体育课程实施策略分为传统型和创新型两类。传统型策略注重传统的体育项目和教学方法，如传统的田径、篮球、足球等项目，以及传统的教学模式和课堂活动。而创新型策略则更注重创新的教学内容和方法，例如引入新型体育项目、采用多样化的教学手段和技术等。通过这种分类，可以更好地满足不同学生的需求和教学目标，提高教学的多样性和灵活性。

另一种分类是基于学生的特点和需求的策略。在体育教学中，学生的年龄、能力、兴趣等因素都会影响到教学的实施策略。可以将体育课程实施策略分为儿童体育、青少年体育和成人体育等不同类别。儿童体育注重基础技能的培养和身体素质的提高，采用趣味性强、互动性强的教学方法；青少年体育注重团队合作和竞技精神的培养，采用多样化的体育项目和活动形式；成人体育则更注重健身和休闲娱乐，采用个性化的健身方案和活动安排。通过根据学生的特点和需求设计不同的实施策略，可以更好地激发学生的学习兴趣和提高学习积极性。

还有一种分类是基于教学环境和资源的策略。在体育教学中，教学环境和资源的条件差异会影响教学的实施效果。可以将体育课程实施策略分为校园体育、社区体育和专业体育等不同类型。校园体育注重在学校教学环境下进行，充分利用到学校的体育设施和资源，开展丰富多彩的体育活动；社区体育则注重与社区资源和文化相结合，促进社区居民的健康生活方式；专业体育则是在专业体育场馆和训练基地进行，培养专业运动员和体育人才。通过根据不同的教学环境和资源设计相应的实施策略，可以更好地发挥教学的效益和社会价值。

体育课程实施策略的分类可以从教学内容和方法、学生特点和需求以及教学环境和资源等多个维度进行划分。通过合理地选择和应用不同类型的实施策略，可以更好地满足不同学生的需求和教学目标，提高教学效果和教学质量。在体育教学实践中，教师应该根据具体情况和教学目标，灵活运用各种不同类型的实施策略，以促进学生能够全面发展和健康成长。

六、不同层面的体育课程实施策略

（一）高起点低重心的宏观策略

在体育教学中，实施高起点低重心的宏观策略被视为一种有效的方法。高起点低重心的宏观策略体现了对学生的高期望。这一策略意味着教师对学生的能力和潜力有着积极的认同，希望他们能够在学习体育方面达到更高的水平。通过设定高起点的目标，激励学生去不断挑战自我，努力提升自己的运动水平。

在体育教学中采用高起点低重心的宏观策略有助于激发学生的学习兴趣和积极性。设定高起点的目标可以给学生一种挑战与动力，激发他们对体育运动的兴趣和热情。而低重心则表明对学生的宽容和理解，让他们在学习过程中不会因为失败而失去信心，从而更加愿意投入到学习中去，实现自身的成长和进步。

采用高起点低重心的宏观策略有助于创造良好的学习氛围和积极的学习环境。教师的期望高度激发了学生的学习热情，而对失败的容忍则使学生不会因为错误而退缩。这种积极的学习氛围能够促进学生之间的合作与交流，形成团队精神，共同面对挑战，取得进步。

再者，高起点低重心的宏观策略能够培养学生的自信心和自主学习能力。设定高起点的目标鼓励学生勇于挑战，克服困难，从而增强他们的自信心。

而低重心则意味着对失败的接受和理解，使学生在面对挫折时不会轻易放弃，而是能够从失败中吸取经验，不断调整自己的学习策略，提升自主学习能力。

高起点低重心的宏观策略有助于实现教育的个性化和差异化。每个学生的学习能力和兴趣都有所不同，高起点的目标能够激发他们的学习热情，同时低重心的理念也充分考虑了学生的个体差异，使每个学生都能够在适合自己的水平上取得一定的进步，实现个性化的发展。

高起点低重心的宏观策略在体育教学中具有重要的意义。它不仅能够激发学生的学习兴趣和积极性，创造良好的学习氛围，培养学生的自信心和自主学习能力，还能够实现教育的个性化和差异化，推动学生的全面发展。

（二）追求实际效果的中观策略

在体育教学中，追求实际效果是教师们不懈追求的目标之一。为了有效地达到这一目标，中观策略的制定和实施变得至关重要。中观策略是指在教学实践中，通过合理的组织和安排，以及有效的管理和监督，促进体育教学实现预期的效果。

培养教师的专业能力是追求实际效果的中观策略之一。教师作为教学实践的主体，其专业能力的提升直接影响着教学效果的实现。学校和教育部门应该加强对体育教师的培训和培养，提高其专业素养和教学水平。这包括不断学习更新的教学理论和方法，熟练掌握教学技能和课堂管理技巧，以及注重教学实践经验的积累和分享。通过培养教师的专业能力，可以更好地保障体育教学的质量和效果。

建立完善的教学管理体系是追求实际效果的中观策略之一。在体育教学中，教学管理的科学性和规范性对于提高教学效果至关重要。学校和教育部门应该建立健全的教学管理体系，包括教学计划的制定和实施、教学资源的配置和管理、教学评估的开展和结果反馈等方面。通过建立完善的教学管理体系，可以提高教学的组织性和系统性，确保教学工作的有序进行，有效促进学生的全面发展。

注重教学过程的优化和创新是追求实际效果的中观策略之一。在体育教学中，教学过程的设计和实施直接影响着教学效果的实现。教师应该注重教学过程的优化和创新，不断探索适合学生特点和教学目标的教学方法和手段。

这包括灵活运用多样化的教学形式和活动组织方式，充分发挥学生的主体性和参与性，激发他们的学习兴趣和积极性。通过优化和创新教学过程，可以提高教学的活跃性和趣味性，增强学生的学习体验和成就感。

加强教学评估和反馈是追求实际效果的中观策略之一。在体育教学中，教学评估是促进教学效果实现的重要手段。教师应该加强对学生学习情况的及时监测和评估，及时发现和解决问题，确保教学过程的顺利进行。同时，教师还应该注重对教学效果的评估和反馈，及时总结教学经验和教训，不断完善教学工作。通过加强教学评估和反馈，可以及时发现和纠正教学中存在的问题，提高教学的针对性和有效性，进一步促进学生的全面发展。

追求实际效果的中观策略涉及教师专业能力的提升、教学管理体系的建立、教学过程的优化和创新，以及教学评估和反馈的加强等方面。只有通过这些中观策略的有效实施，才能够更好地实现体育教学的目标和效果，促进学生的全面发展和健康成长。在体育教学实践中，教师应该去认真思考和探索如何制定和实施中观策略，以提高教学效果和质量，为学生的健康成长和全面发展提供坚实的保障。

七、落实体育课程实施策略的要求

（一）坚持高起点与低重心并重的宏观策略

体育课程的实施需要坚持高起点与低重心的宏观策略，以确保国家体育课程意志的真正落实，并兼顾到各中小学生千差万别的体育课程情境。高起点意味着对国家体育课程计划的忠实执行和坚定不移的推进，以确保体育教育的质量和水平。然而，低重心也同样重要，意味着在推进国家体育课程的同时，要充分考虑各地区、各学校的实际情况和差异性，灵活地调整课程实施方案，满足不同学校、学生的需求。

体育课程的实施不应被理解为简单的按图索骥的线性过程。尽管国家体育课程计划提供了相应指导，但各地、各学校应发挥自身的主观能动性，根据实际情况进行灵活调整和创新。学校作为体育课程实施的基本单位，应在尊重国家政策的前提下，根据自身的条件和特点，积极探索出适合本校的体育教育模式和课程方案，确保体育教育的有效实施和质量提升。

（二）坚持重形式更要重效果的中观策略

体育课程的实施应坚持重视实效，避免过度强调形式。无论课程目标如何分化，其本质目标始终是为了学生的身心健康。在选择体育教学方式时，应注重效果而不是形式。体育教学方式的选用应充分考虑各种方式的特点和作用，以服务于促进学生体能发展和运动技能提高的需要。

体育课程的实施既要重视体育课堂的教学效果，又要兼顾课外体育活动的重要性。课堂教学应注重培养学生的体能和技能，同时强调学生的参与和乐趣。而课外体育活动则是学生综合发展的重要组成部分，应充分利用课外时间，开展各种体育活动，以促进学生的全面发展。

（三）坚持尊重学校具体体育课程情境的微观策略

在体育课程的具体实施中，需要尊重学校的具体情境和条件。不同地区、不同学校之间存在着差异，因此体育课程的实施方案也应因地制宜。体育课程的具体运作涉及到课程目标的确定、内容的选用以及实施方案的制定等方面，需要根据学校的实际情况进行灵活调整。

体育教师在体育课程的实施中扮演着重要角色。他们需要正确理解国家体育课程改革的精神和理念，发挥集体智慧，精心设计本校体育课程的实施计划，使体育课程的实施过程成为学生体能发展和技能提高的过程。在这个过程中，体育教师应注重学生的个体差异，根据学生的实际情况进行有针对性的指导和培养，确保每个学生都能够得到适当的体育锻炼和发展。

八、体育课程实施的主要途径

（一）体育教学是体育课程实施的核心途径

1.“健康第一”的体育教学价值观

“健康第一”的体育教学价值观是体育教学中的一种重要理念，强调体育活动不仅仅是为了培养运动技能，更重要的是为了促进学生的身心健康。在当今社会，随着人们生活水平的提高和生活方式的多样化，健康问题日益受到关注。将“健康第一”的理念融入到体育教学中，对于培养学生健康的生活习惯和良好的身心素质具有重要意义。

“健康第一”的体育教学价值观强调身体健康是一切的基础。在体育教学中，体育活动不仅可以增强学生的体质和身体素质，并且还可以提高心肺功能，增强抵抗力，预防疾病。将健康置于第一位，意味着在体育教学中要注重培养学生良好的生活习惯，引导他们养成积极健康的生活方式，使体育活动成为维护健康的重要手段和途径。

“健康第一”的体育教学价值观注重身心和谐发展。在当今社会，学生面临着来自学业、家庭和社会的巨大压力，身心健康问题日益突出。体育教学应该不仅仅注重学生的体能和运动技能的培养，更应该关注学生的心理健康和情感状态。通过体育活动，学生可以释放压力，调节情绪，增强自信心，提高心理素质，促进身心和谐发展，达到身心健康的统一。

“健康第一”的体育教学价值观强调注重个性化和多样化的教学方法。在体育教学中，学生的体质、兴趣和能力存在差异，教学方法应该因材施教，注重个性化和差异化的教学。教师应该根据学生的特点和需求，灵活运用各种教学手段和方法，如游戏化教学、合作学习、小组竞赛等，激发学生的学习兴趣和积极性，增强他们的参与度和满足感，使体育教学更加生动、有趣和富有成效。

“健康第一”的体育教学价值观倡导注重评价和反馈。在体育教学中，教学评价是促进教学效果实现的重要手段。教师应该注重对学生的学习情况进行及时监测和评估，及时发现和解决问题，确保教学过程的顺利进行。同时，教师还应该注重对教学效果的评估和反馈，及时总结教学经验和教训，不断完善教学工作。通过加强教学评价和反馈，可以及时发现和纠正教学中存在的问题，提高教学的针对性和有效性，进一步促进学生的全面发展。

“健康第一”的体育教学价值观强调身体健康是一切的基础，注重身心和谐发展，倡导个性化和多样化的教学方法，以及重视教学评价和反馈。只有通过这些实践方法的有效运用，才能够更好地实现体育教学的目标和效果，促进学生的全面发展和健康成长。在体育教学实践中，教师应该坚持“健康第一”的理念，引导学生树立起正确的健康观念，养成良好的生活习惯，实现身心健康的统一，为其未来的发展奠定坚实的基础。

2. 技能引领的体育教学内容观

技能引领的体育教学内容观是一种重要的教学理念，它强调通过教学内容的设计和实施，引导学生掌握和运用各种运动技能，实现身体素质的全面提升。技能引领的体育教学内容观突出了技能训练的重要性。在体育教学中，学生的技能水平直接影响着其参与体育运动的体验和成就感。教学内容应当围绕着技能训练展开，通过系统的教学计划和方法，帮助学生逐步掌握和提高各项运动技能。

在技能引领的体育教学内容观中，注重培养学生的综合运动能力。体育运动不仅仅是单一的技能动作，而是需要学生综合运用各种技能来完成。教学内容应当注重培养学生的综合运动能力，包括力量、速度、灵敏度、耐力等方面的提升，使他们在各种体育活动中都能够表现出色。

技能引领的体育教学内容观强调了个性化和差异化的教学设计。每个学生的体能水平和运动能力都不尽相同，因此教学内容应当根据学生的特点和需求进行个性化和差异化的设计。通过针对性的教学内容和方法，帮助每个学生充分发挥出自己的潜力，实现个性化的发展。

再者，技能引领的体育教学内容观注重培养学生的运动技能意识和自主学习能力。除了传授运动技能，教学内容还应当注重培养学生的运动技能意识，即使他们在自主练习中也能够意识到自己的技能表现，并且能够主动反思和改进。通过激发学生的学习兴趣和自主学习能力，使他们成为具有持续学习能力的体育运动者。

在技能引领的体育教学内容观中，注重将技能训练与体育价值观教育相结合。体育不仅仅是一种运动技能的训练，更是一种精神品质的培养。教学内容应当融入体育价值观教育，引导学生树立正确的竞技精神、团队合作精神和健康意识，培养他们积极向上的人生态度和价值观念。

技能引领的体育教学内容观在体育教学中具有重要的地位和作用。它不仅强调了技能训练的重要性，还注重培养学生的综合运动能力、个性化和差异化的教学设计、运动技能意识和自主学习能力，以及体育价值观教育，促进学生全面发展，实现教育的终极目标。

（二）课外体育活动是体育课程实施的重要途径

1. 需要大力推广的大课间体育活动

大课间体育活动作为促进学生健康、提高学习效率的重要手段，在当今教育实践中越来越受到重视。这种活动不仅能够缓解学生长时间坐姿带来的身体疲劳，还能够提高学生的体质和身体协调能力。有必要大力推广大课间体育活动，让更多的学校和学生受益。

大课间体育活动有助于改善学生的身体素质。随着现代生活方式的变化，学生长时间坐姿的现象愈发普遍，导致身体素质下降和肥胖率上升。而大课间体育活动的开展可以有效地打破长时间静坐的状态，让学生进行适量的体育锻炼，促进血液循环，增强心肺功能，提高身体素质。推广大课间体育活动对于改善学生的身体素质具有重要意义。

大课间体育活动有助于提高学生的学习效率。研究表明，适度的体育锻炼能够提高学生的注意力集中和学习兴趣，缓解学习压力，增强学习动力。通过开展大课间体育活动，可以有效地提高学生的学习效率，促进他们在课堂上能够更好地专注和思考，提高学习成绩和学业水平。这对于提高教育教学质量和学校整体竞争力具有重要意义。

大课间体育活动有助于培养学生的团队合作精神和竞技意识。在体育活动中，学生需要与同学合作、相互配合，共同完成各项活动任务，从而培养他们的团队合作精神和集体荣誉感。同时，体育活动也是竞技性强的，学生在比赛中可以学会尊重对手、遵守规则，培养竞技意识和体育精神。大课间体育活动不仅有助于学生的身体健康，还可以促进其心理素质和社交能力的全面发展。

大课间体育活动有助于增强学校的体育氛围和文化建设。通过开展丰富多彩的体育活动，可以营造积极向上的校园氛围，激发学生的学习热情和活力。同时，体育活动也是学校文化建设的重要组成部分，可以传承和弘扬体育精神，培养学生的体育意识和体育文化素养，为学校的综合发展提供有力支撑。推广大课间体育活动不仅有助于学生的个人成长，还有助于学校的整体发展。

需要大力推广的大课间体育活动具有改善学生身体素质、提高学习效率、培养团队合作精神和竞技意识，以及增强学校体育氛围和文化建设等多重益处。

在教育实践中，学校和教育管理部门应该加大对大课间体育活动的支持和推广力度，创造良好的体育教育环境，让更多的学生受益，为促进学生全面发展和建设健康中国做出积极贡献。

2. 升华校园体育文化的体育节

体育节作为升华校园体育文化的重要方式，具有深远的意义。体育节是丰富校园文化生活的重要组成部分。通过体育节，学校可以为学生提供一个展示自我、锻炼身心、增进团队合作的舞台，丰富了学生的课余生活，激发了他们对体育运动的热爱与参与热情。

体育节有助于促进校园体育文化的传承和发展。体育节不仅仅是一场运动比赛，更是一种校园文化的传承与延续。通过举办体育节，学校可以更好地弘扬体育精神，传承优秀体育传统，激发学生对体育的兴趣，推动校园体育文化的持续发展。

体育节还有助于增强学生的身体素质和运动能力。体育节提供了一个锻炼身体、展示技能的机会，学生在比赛中可以全身心投入，尽情挥洒汗水，提升自己的身体素质和运动能力，增强体魄，保持健康。

再者，体育节有助于培养学生的团队合作精神和竞技意识。在体育节的比赛中，学生需要团结协作、互相配合，那样才能取得好成绩。这种团队合作精神不仅体现在运动场上，更是对学生未来生活和工作的重要培养。同时，竞技意识的培养也能让学生学会接受胜负，从中汲取经验，不断进步。

体育节有助于弘扬校园体育文化和校园精神。通过举办体育节，学校能够展示自己的体育文化底蕴和办学特色，凝聚校园师生的向心力和凝聚力，形成校园独有的精神风貌，增强学校的凝聚力和影响力。

体育节作为升华校园体育文化的重要方式，在促进校园文化生活丰富化、传承体育文化、增强学生身体素质、培养团队合作精神和竞技意识、弘扬校园体育文化和校园精神等方面发挥着不可替代的作用，值得我们充分重视和推广。

（三）隐性体育课程是体育课程实施的辅助途径

隐性体育课程作为体育教学的一种辅助途径，在促进学生全面发展和提高教学效果方面具有重要作用。隐性体育课程不同于传统的体育课程内容，它更注重在日常生活和学习中潜移默化地培养学生的体育意识、体育素养和体育习惯。

隐性体育课程有助于培养学生的体育意识和体育素养。在日常生活和学习中，学生可能并不能经常参加正规的体育课程或体育活动，但通过观察身边的体育健康行为、接受相关的体育健康信息，他们会潜移默化地形成正确的体育观念和态度，逐渐养成良好的体育习惯。例如，鼓励学生步行或骑自行车上学，组织校园健身小组等，都是隐性体育课程的一部分，能够渗透到学生的日常生活中，培养他们对体育的兴趣和认识。

隐性体育课程有助于促进学生的身心健康。在日常生活中，通过引导学生养成良好的生活习惯和行为，如定时锻炼、合理饮食、充足睡眠等，可以提高学生的身体素质和抵抗力，预防疾病，促进身心健康。通过开展一些体育健康宣传活动、举办体育健康讲座等，也可以增强学生对身心健康的重视和认识，培养他们健康的生活态度和行为习惯。

隐性体育课程有助于促进学生的社会交往和情感发展。在日常生活和学习中，通过组织一些团队合作的体育活动、举办体育比赛、组建校园体育社团等，可以促进学生之间的交流和沟通，增强团队合作精神和集体荣誉感，培养学生的社会责任感和情感智慧。这些活动不仅可以丰富学生的校园生活，还可以提高学生的社会适应能力和交往能力，为其未来的发展奠定良好的基础。

隐性体育课程有助于提高教学效果和促进学生全面发展。在体育教学中，隐性体育课程可以作为传统课程的辅助途径，弥补正式课程中的不足，丰富教学内容，提高教学质量。通过引导学生在日常生活中养成良好的体育健康习惯和行为，可以增强学生的学习动力和学习兴趣，提高他们的学习效果和成绩，促进其全面发展。

隐性体育课程作为体育教学的一种辅助途径，在培养学生的体育意识和体育素养、促进学生的身心健康、促进学生的社会交往和情感发展，以及提高教学效果和促进学生全面发展等方面发挥着重要作用。在体育教学实践中，教师应该重视隐性体育课程的实施，积极开展相关活动，为学生的健康成长和全面发展提供有力支持。

九、体育课程在学校实施中的基本步骤

（一）理解与内化阶段

在学校实施体育课程的基本步骤中，理解与内化阶段均具有重要的意义。这一阶段强调了学生对体育知识、技能和价值观的理解与领悟。在体育课程中，学生需要通过课堂教学和实践活动，深入理解体育知识和技能的本质，领悟其中的规律和要点，形成对体育运动的认识和理解。

理解与内化阶段突出了学生对体育内容的内化和消化。学生不仅需要理解体育知识和技能，还需要通过实际操作和练习，将其内化为自己的能力和素质，使之成为自己的一部分。只有内化了体育内容，学生才能在实际运动中灵活运用，取得良好的运动表现。

理解与内化阶段还强调了教师在教学过程中起到的引导和促进作用。教师应当通过生动的教学方法和案例，激发学生的学习兴趣和主动性，引导他们深入理解和内化体育知识和技能。同时，教师还应当关注学生的学习过程，及时纠正错误，指导他们消化和吸收体育内容，确保学生能够真正掌握所学知识和技能。

再者，理解与内化阶段注重学生的自主学习和自我评价能力的培养。学生在理解和内化体育内容的过程中，应当具备自主学习的能力，能够独立思考、自主探究，不断提升自己的体育水平。同时，学生还应当具备自我评价的能力，能够客观分析自己的学习情况，发现问题并及时改进，实现自我提高和进步。

理解与内化阶段需要学校和家庭的共同努力。学校应当提供良好的教育环境和教学资源，为学生的理解与内化提供有力支持。家庭应当积极配合学校的教育工作，关心和支持学生的学习，为他们提供良好的学习氛围和条件，共同去促进学生的全面发展。

理解与内化阶段是体育课程在学校实施中的基本步骤之一，它强调了学生对体育知识、技能和价值观的理解与内化，需要学校、教师、家庭共同努力，引导学生深入学习，全面发展。

（二）酝酿与准备阶段

在学校实施体育课程的过程中，酝酿与准备阶段是至关重要的，它为后续的教学工作奠定了基础。在这个阶段，教师需要去认真策划和准备，确保教学活动的顺利进行和教学效果的达成。

酝酿与准备阶段是体育课程实施的重要起点。在这个阶段，教师需要充分了解教学内容和教学目标，确定教学重点和难点，设计合理的教学活动和教学方法，为教学工作的顺利进行做好充分的准备。只有做好了酝酿与准备工作，才能够确保后续的教学工作顺利进行，取得预期的教学效果。

酝酿与准备阶段包括多个具体的步骤和内容。教师需要对教学内容进行系统梳理和归纳，明确教学目标和要求。教师需要根据学生的年龄、能力和兴趣特点，选择适合的教学内容和教学方法，设计丰富多彩的教学活动和教学资源。教师需要准备好教学设备和教学材料，确保教学工作的顺利进行。教师还需要与同事和学校管理人员进行沟通和协调，共同为教学工作的开展做好准备工作。

酝酿与准备阶段对于教学工作的顺利进行具有重要影响。通过充分的酝酿与准备，教师可以提高教学质量和效果，增强学生的学习兴趣和积极性，激发他们的学习潜力和创造力。酝酿与准备阶段还可以提高教学效率，减少教学过程中的不必要浪费，使教学活动更加紧凑和有序。通过酝酿与准备阶段的认真策划和准备，教师可以提高自身的教学能力和专业水平，不断完善自己的教学理念和方法，为学校的教育教学工作做出更大的贡献。

酝酿与准备阶段是体育课程在学校实施中的基本步骤，它为后续的教学工作奠定了基础，具有重要意义。在这个阶段，教师需要认真策划和准备，确保教学活动的顺利进行和教学效果的达成。只有通过充分的酝酿与准备，才能够提高教学质量和效果，促进学生的全面发展和健康成长，实现教育教学目标

（三）运作与体验阶段

在学校实施体育课程的基本步骤中，运作与体验阶段具有关键的意义。这一阶段强调了学生通过实际运动活动进行身体锻炼和体验的重要性。在体

育课程中，学生通过参与各种体育运动项目，亲身去感受运动的乐趣和挑战，促进身体的健康发展，提高体育水平。

运作与体验阶段突出了学生在实践中的学习和成长。通过运动体验，学生能够掌握运动技能，培养运动能力，提升身体素质。同时，他们还能够感受到团队合作的重要性，培养团队精神和协作能力，促进社会交往与沟通。

运作与体验阶段还强调了教师在实践活动中的引导和指导作用。教师应当设计丰富多彩的运动项目，去激发学生的运动兴趣和积极性，引导他们参与运动活动，全面发展身心。同时，教师还应当注重对学生的运动技能和动作的指导，及时纠正错误，帮助他们提高运动水平。

再者，运作与体验阶段注重学生的主体性和参与性。学生在运动活动中处于主动地位，通过自主选择和参与各种体育项目，发挥个人潜能，展现个性特长，实现个性化发展。同时，他们还能够体验到成功与挑战，培养自信心和自律意识，促进全面成长。

运作与体验阶段需要学校和社会的共同支持与配合。学校应当提供充足的体育场地和设施，丰富的运动项目和资源，为学生的运动体验提供良好条件和保障。社会应当积极支持学校的体育教育工作，加强对体育课程的宣传和推广，共同促进学生的健康成长和全面发展。

运作与体验阶段是体育课程在学校实施中的基本步骤之一，它强调了学生通过实际运动活动进行身体锻炼和体验的重要性，需要学校和社会的共同努力，为学生提供良好的运动体验和发展空间，促进其全面成长和发展。

第四章　体育教学的发展动态

第一节　体育教学目标的统一与协调

体育课的场地、器材等，对体育课程目标、课程设置、课程设计思路以及课程任务都有很大的促进和帮助作用。马克思所说过：“人创造环境，同样环境也创造人。”《列女传·母仪》中记载的“孟母三迁”也说明了环境对塑造人性格的重要性。教学环境不仅影响着教学过程的组织与安排，而体育教学环境是体育教学系统的必要条件，并且影响着体育教学系统。本节采用文献资料法、分析和综合的方法论述了体育教学环境和体育教学系统的关系，并且阐述两者应该如何协调的应用才能达到最好的教学效果。

一、体育教学环境的概念

（一）体育教学的物质环境

无论是学习还是生活都离不开环境。体育教学需要的环境主要是运动的场地和体育器材，否则全面深化教学改革，推进素质教育，加强学院普通体育课程建设，提高体育课的教学质量就成了一句空话。课前准备器材时，要根据课堂的内容，注意因地、因时而异。如田径场红色的跑道，绿色的足球场可提高中枢神经的兴奋性，使学生有一种跃跃欲试的冲动。一排排乒乓球台，一片片羽毛球场，它们的采光、空间、通风都会给练习者带来积极的影响。上理论课，如课桌椅的款式和新旧实验室以及实验仪器、图书资料、电化教学设备等。这些设备是开展体育教学活动的必备条件，对完成体育教学的任务起着重要的作用。为了方便教学体育器材保管室应设在离运动场地较近的地方，房间应通风，光线较好，器材按项目分离存放，随时检修器材，维护运动安全。

（二）体育教学的心理环境

老师上课前要整理好自己的情绪，具备心胸豁达、移情理解和客观性，真诚而不盛气凌人，当教师热情鼓励的时候，学生将更有创造性。当学生把老师看作是一个热情又有同情心时，课堂里同学之间更能分送喜爱和感情，教师的热情与学生对体育的兴趣与完成运动的密度和强度有着很深的关系。采用多媒体教学，如学习之前将技术动作放慢、定格。看完录像后，组织学生进行讨论，再进行示范，学生练习后再进行讨论，他们有一种小老师的感觉，学起来他们自己会想办法去克服很多困难。学生最不愿意跑步，觉得枯燥。采用 4 人一组，以比赛竞争、团队参入的形式进行，如蛇形跑、变速跑、追逐跑等。投掷的练习可采用单手投、双手投、向前投、往后投、画方格投等。练习力量时，准备几个不同重量的沙袋，根据学生的实际情况使用，采用 20m 的往返跑等。利用上课的时间进行班级与班级比赛，加强学生的参入主动性与责任、团队合作、增强积极动机和减少对老师的依赖。为正常人格的成熟、获得独立性、自信、自我控制、坚持，并能忍受挫折这些成熟的人格品质所必需。

（三）体育教学活动中的语言环境

只有爱学生，与学生打成一片，才能了解到学生的喜怒忧乐、兴趣爱好、希望要求。注意心理修养，善于控制和表现自己的情绪。无论在课外遇到什么不顺心的事，在走进教室之前，一定要使自己恢复常态，不能把自己恶劣的情绪传染给学生，更不能向学生流露甚至发泄。语言的速度，对于教学效果的好坏有直接的影响，认真地探索和把握最科学、最合理的教学语言速度。语言是人与人之间传递信息最为主要的方式之一，体育教学中教师与学生之间、学生与学生之间语言的交流十分频繁，语言的交流中包含着丰富的信息，因此良好运用这一工具对于提高体育教学质量作用十分明显。实践表明良好的课堂语言环境对于体育知识、体育技能的传授十分必要。

二、体育教学系统的概念

体育教学系统，顾名思义，也就是体育教学体系的统一体，体育教学系统是各体育教学要素以一定的结构形式组织起来的，具有各单一体育教学要素所不具备的某种功能的教学统一体，它包括以下几个系统。

（一）体育教学内容系统

《教育部关于印发普通高等学校体育课程教学指导纲要》文件的精神，结合我校人才培养的目标，以教学改革为根据前提，以学生为主体，以健康为主题，以服务专业为方向的新理念，采用以人为本、强化人体练习、突出个性发展。普通高校按照树立“健康第一、终身体育”的学校体育教育思想，通过传授体育知识、运动技能，达到全面增强学生体质，增进身心健康，培养学生良好的意志品质和素养，养成终身体育的锻炼习惯。

（二）体育教学方法系统

从上位层次看，包括模式教学、模拟教学、程序教学。从中间层次看，上课时老师通常先讲解，然后再向学生提问，同学生一起讨论，是教学中运用语言指导学生学习，达到教学要求的方法这些都是用语言传递信息的讲解法、问答法和讨论法。老师示范以及帮助学生纠正动作错误是体育教学中通过一定的直观方式，作用于人体感觉器官、引起感知的一种教学方法即动作示范法。教师为了防止和纠正学生在练习中出现的动作错误所采用的方法即纠正动作错误与帮助法。循环练习法：根据练习任务的需要选定若干练习手段，设置若干个相应的练习站（点），学生按规定顺序、路线和练习要求，逐站依次循环练习的方法。利用场地器材组织学生进行运动竞赛法等组织学生讨论探究教学方法即发现法。各种教学方法的运用具有教育性、发展性、科学性、多样性等特点，这样才能体现出整体化思想，达到最佳教学效果。

（三）体育教学负荷系统

生理负荷是指人做练习时所承受的生理负荷。运动负荷包括运动量和运动强度两个方面。在体育课上只有运动负荷保持适宜，才能收到较好的教学效果，运动负荷过小过大都不行。过小，则达不到锻炼的目的；过大，又超出了学生身心所能承受的限度，对学生身心健康和教学任务的完成都十分不利。因此，合理地安排和调节体育课运动负荷是对体育教师教学的一项基本要求，同时也是评价体育教学和体育活动锻炼效果的一项重要指标。课堂教学中最常用到的运动负荷测量方法除了脉搏测量外，还有询问法和观察法。据瑞典生理学家研究，当询问学生锻炼后的自我感受，学生回答“累极了、很累、有点累、还行、很轻松、非常轻松”时都有不同的心率，而这些心率和回答之间有着极明显的对应关系。这样教师就可以利用学生的回答来判断学生承受运动负荷的情况。采用观察法可以直接简便地知道学生的运动负荷情况，教师可以通过观察学生的脸色、表情、喘气、出汗量、反应速度等表现来判断所承受运动负荷的大小。比如：当学生承受较小负荷时，额头微汗、脸色稍红；承受中等负荷时，脸色绯红、脸部有汗下滴；承受过大的运动负荷时，脸色发白、满头大汗、动作失控等。所以，安排运动负荷时要以学生发展为中心，重视学生的生理和心理感受。在体育课上，可以通过调整练习的次数和组数、练习的强度和时间、器械的坡度和阻力，也可以改变课的组织教法等来对运动负荷进行相关合理的调节。

（四）体育教学评价系统

学生学习态度的评价，学生行为表现的评价，防止违纪行为的升级和负面作用的扩散，学生掌握知识与技能的评价。坚持主体取向的评价机制开放的教育需要开放的评价、量性评价与质性评价，行为评价与心理评价的有机结合，由重视结果向重视过程转变。

三、体育教学环境和体育教学系统的关系

体育教学中，体育教学环境对学校体育教学系统的影响，既来自于学校内部环境，来又自于学校外部环境，既来自于学校的物质环境，更来自于学校学生和老师的心理环境。而体育教学系统反过来也可以影响体育教学环境，他们之间是相互制约，相互影响的关系。

四、体育教学环境和体育教学系统的协调统一

在体育教学中，要达到更好的教学效果，完成既定的教学计划，那么体育教学环境和体育教学系统两者之间是缺一不可的，只有两者协调统一才能为体育教学更好地服务。

（一）充分了解当前体育教学环境现状

教师在体育教学中一直是起着一个引导的作用，主要表现在：了解教学目标、制定课时计划、规划教学设计、优化教学方法等。当然这些都必须建立在了解当前教学环境的基础上，教师不仅要了解当前教学的物质环境，了解学生的当前的学习需求，而不是仅仅停留在课本上，还应该对整个教学环境进行设计。

（二）保持体育教学环境和教学系统的动态平衡

在体育教学中，体育教师既要让体育教学系统适应体育教学环境的变化，也要尽力去改变当前制约体育教学系统发展的环境个因素，使两者在动态上可以保持平衡，为更好的是先体育教学目标而服务。

第二节　体育教学内容的选择与开发

体育教学课程资源的开发和利用最重要的是教师的课程资源观和课程资源的开发意识，理解什么是课程资源，才有可能开发课程资源。

一、对体育教学课程资源的认识

合理开发与有效利用体育课程资源是体育课程目标达成的必要条件，也是体育课程改革的有力保障。由于地方经济和文化发展的不平衡，体育课程只有符合地方经济并地方化，才能提高体育课程的适应性。才能更有效地发挥体育课堂的本色。

在这里，首先要了解体育教学课程资源的这个概念。所谓“课程资源”，无疑是受教育技术和远程教育的启发而由教学资源和学习资源演变而来，但它在教育技术和远程教育界并不被经常使用，甚至有些陌生。由于课程是教学活动的基本单元，因而一切教学资源或学习资源往往都是以课程资源的形式来呈现的。一般来讲，课程资源是指形成课程的要素来源以及实施课程的必要而直接的条件。

二、如何进行体育教学课程资源的开发

首先，开发出来的课程资源要从具体学生群体和个体的身心发展特点等一些特殊情况出发，能为他们所接受和理解，符合他们的身体状况和认知规律，有利于学生的身心体验，有利于达到目标。接着，要做一个价值判断，是同学们所迫切需要的、对他们显示发展最有价值的，这些体育资源应该得到及早优先的开发。体育课程资源的开发的几个途径不是截然分开的，在开发的时候需要有机地整合在一起。

（一）从体育师资条件出发

学校具备何种师资，我们的老师具备什么样的素质，他们的特长、专业是否能带动体育课程资源的开发。考虑到这些因素以后，教师们才能游刃有余地进行资源的开发。反之，由于一些学校限于师资的水平和特点，教师没有能力去开发一些学生需求比较强烈，感兴趣的程度也比较高的体育课程资源，它就成了前进路上的一个瓶颈，在很大程度上制约着对体育课程资源的合理利用。

（二）从学生的现状考虑

体育课程资源的服务对象是学生，所以关注学生的身体发展作为开发体育课程资源的主要途径，这主要着眼于以下两个方面。

（1）学生身体状况的调查。在开发课程资源时，必须对学生是否能使其接受新开发的体育课程资源进行考虑。不同学生的身体状况水平都是不一样的，这不仅关系到开发的广泛性，还影响到开发课程资源的内容选择。

（2）要想使学生积极参与进来，不仅要找到学生有兴趣的课程资源，

也要课程资源永远是最适合学生的，如此，学生既愿意参与进来，又可以充分调动学生的积极性。这样的体育课程在某种意义上来说是最适合学生的。所以，在开发时，我们要从学生的角度来看待周围的一切，要寻找学生的兴趣所在，力求开发出来的体育课程资源是“学生化”的体育课程资源，这样才能使学生完全融入到课程资源中去，不能使课程资源老是一味地“教师化”，否则就失去了教育的意义。

三、体育课程资源开发案例

1. 人力资源的开发——体现团队精神的集体负重跑比赛

活动目的：通过集体负重跑比赛，使学生热爱体育活动，增强体能，培养团队竞争精神。

活动准备：包括：场地的选择、学生负重物的准备、裁判人员的安排、工作人员的安排。

活动过程：参赛以班为单位，按规定时间跑完全程；安排好裁判工作；比赛开始，学生到达终点时，按名次顺序发放名次牌。第一名记 1 分，第二名记 2 分，依次类推。组（班）积分少者名次列前；统计各组（班）比赛名次和积分，排定团体名次；宣布团体名次，颁奖；活动讲评。

建议：体育教师应多开发这类小型的集体活动使全校的教师（包括校医）都参与到活动中来，充分调动学校的人力资源为体育比赛服务。

2. 民间体育课程的开发

（1）跳绳

跳绳可以分为三类：1. 技巧性跳绳，单脚跳、双脚并跳、换脚跳、反手跳等多种花样动作；2. 游戏性跳绳，娱乐为主可以边跳边伴唱；3. 快速跳绳。跳绳方式大体分为个人与集体两种，鱼贯顺序跳，多人同跳等都是集体跳绳。

（2）踢毽子

踢毽子有花样技巧比赛，常以肩、背、胸、腹、头与双脚配合，做各种姿势，使毽子能够经久不落地，缠身绕腿，翻转自如。踢毽的技巧很多，踢毽子的基本的技巧，只有三种，即有“盘”“拐”“蹦”。还有“苏秦刺背”“八仙过海”等各种名称。集体比赛时还附加远吊、近吊、高吊等踢法以表胜负。

一般踢毽子都在冬季进行，天气寒冷，活动一下可以暖身。

（3）跳牛皮筋

跳牛皮筋是项准确、熟练，连贯协调，舒展自如，节奏感强的项目。基本动作有点、迈、顶、绕、转、掏等。一般分为三个高度：将牛皮筋举至与肩齐平；两臂自然下垂拉牛皮筋；一臂上举拉牛皮筋。并有单人和集体两种跳法。此游戏以女孩玩耍较多。以细牛皮筋结成绳子，长约三四尺，两人扯绳各一端，随着牛皮筋的上下弹动，以一人或数人跳。在动作的基础上联合而成花样。

（4）抽陀螺

陀螺的种类有木质、竹质、陶质、石质，抽陀螺可进行竞赛，一人不停抽击，抽到陀螺停止为输，之后再由另一人继续抽击。这种游戏是用一条绳鞭抽打一个圆锥体玩具，使它在平滑地面上不停旋转。

3. 体育器材的组合开发

（1）校园“保龄球”

校园“保龄球”是由实心球与手榴弹组合成的一项，在课中常用的教学内容，其教学方法比较简单。在一块空地上一端放置手榴弹（或矿泉水），可以排成许多形状，另一端站学生手拿实心球，在教师的指挥下进行练习。

（2）嗒嗒球

运动将乒乓球与羽毛球有机融合在一起的一项体育运动简称为嗒嗒球。这项运动不受场地限制，而且适合各种年龄的人群参与。它将乒乓球的推、抽、搓、扣、拉球打法与羽毛球的吊、挑、扣等各种技术结合起来，在网上往返对击，以把球击落在对方场区内为胜。比赛时采用乒乓球记分法，五局三胜制。

建议：应该说嗒嗒球是体育器材组合开发中最成功的案例，其充分地利用了两种体育器材的特性。它一半像乒乓球，一半像羽毛球，嗒嗒球以其携带方便，不受场地限制，运动趣味强，易普及推广的独特魅力，正吸引着越来越多的人加入其中。对与校园“保龄球”的开发虽没有嗒嗒球的影响那么广泛、那么正规，但也有他的存在理由。

学校要根据教学实际情况及学生发展的具体需要，广泛利用校外体育资源以及丰富的自然、人力等资源，积极开发、利用信息化的体育课程资源。体育课程资源多种多样，重视校外体育课程资源的作用，从实际情况出发，发挥地域优势，强化学校特色，展示教师风格，因时、因地、因人制宜地开发与利用体育课程资源。

第三节　体育教学方法的运用与创生

通常而言，高校作为我国培养高等人才的关键基地，近些年来，我国政府对于高校教育问题也趋于关注，希望各大高校可以在一定程度上培养出综合实力更强的复合型人才。对于高校体育教学来而言，我们也需要在创新的教学方法基础下，改良教学方法，推动教学实践，这样的话，不但可以让学生的身体素质有一定程度的提升，更要让他们的思维和创新能力也有所促进，让学生养成健康的生活习惯。

一、创新观念的体育教育实施手段

（一）根据学生不同的兴趣与资质进行不同的教育

体育这门课程对学生将来的发展同样起着重要的影响，高职院校的学生尽管价值观以及人生观都逐渐养成，然而通过合理的指引也还可以出现一些良好的变化，如若可以运用高职院校体育课来针对学生的身心实施合理的指引，将会对学生将来的发展起到较大的良好作用。在高职院校体育教育中依据学生不同的兴趣与资质进行不同的教育，能够一定程度上增进学生身心的发展，使其在体育磨炼的过程中增强自身的自信感。而在体育教学实际操作的过程中，每位学生的心理状况以及身体素质都存在着一定差别，一些学生的体质比较好，并且综合方面都要比其他学生要好，如若让其与其他学生达成相同的课程任务，常常会使其感觉到运动的强度太低，没有较好的锻炼效果。然而一部分学生的体质比较弱，体育课上的运动强度使其感觉到适应不了，并且在看到其他同学可以成功达成训练目标时，自己却完成不了，其对于体育的热情则会逐渐降低，甚至使得其在体育教学中出现抵制或是缺乏兴趣的状况，从而一定程度上影响到创新教育观念下体育教育方式的运用。

（二）集思广益，相互激励

一般情况下，为使学生的身体素质以及思维能力协同在体育教学中取得一定程度的增强与磨炼，老师还可以运用集思广益与相互激励的方式，使学生经过互相协助的方式来互相鼓励，一同完成课程上教师布置的任务。并且，老师也可以制定出一些与体育相关的问题给学生，然后以小组的形式进行探讨与思考，自由地发挥自己的看法与想法，在互相协助的情况下解答教师布置的问题。但是，在过往的体育锻炼中，往往是由老师示范相关的动作要点，学生自主进行操练，较少会予以学生表明自身看法的机会，然而这实质上完全不利于学生创新性思维的提升，但是运用相互激励与集思广益的方式就能够一定程度上促进学生创新能力的发展。

（三）情景教学，提高效率

情景教学方式所指的是在体育教学的过程中，先运用恰当的方式把学生引入至相关的情景当中，使其具有一种身临其境的感觉，从而使体育教学更具创新性。而一部分体育老师认为情景创建比较适合低年级学生，对大学生而言，并没有具体的可行性，然而实际上，如若可以在高职院校的体育教育过程中应用情景教学方式，也可以起到鼓励学生的效用，使学生对知识可以取得较好地掌握与理解，从而对体育锻炼更具有兴趣与热情。

总而言之，本节主要对创新教育理念下体育教学方法基础理论以及实践进行了充分的研讨。在当前的创新教育理念下，强化对于高校体育教学方法理论实践，从当前的学校以及学生实际情况入手，创造出更多的全新的教学方法，只有这样，才可以更加满足人才培养的需求，培养出更多符合要求的综合型的人才，推动学生的身心实现综合全面的发展和进步。

第四节 体育教学手段的使用与创新

教学过程中，有效的教学方法不仅能调动起学生学习兴趣和练习的积极性，更能实现体育课堂教学有效性的实现，从而来达到高中体育课要坚持素质教育和健康第一的指导理念，增强学生身体素质。为了实现这个目标，老师要积极结合学生在生活中比较感兴趣的事物，注重学生的个体差异，运用灵活多变的教学模式来创新体育课堂。下面我们就从创新教学手段的作用意义、策略、实施成效、注意事项等几个方面进行阐述。

一、创新体育教学手段的作用与意义

高中体育课堂教学手段的创新，并不仅仅是为了顺应新课标的要求，更是为了满足学生的需求，对于高中生的发展也有积极的作用与意义。创新教学手段可以在很大程度上促进学生的身体素质提升，提高他们的运动技能。在高中的学习过程中，由于学业比较紧张，课程安排比较紧密，大部分的学生在每天的学校生活中，几乎都不离开自己的课桌。这样对学生的身体素质培养来说就是一大隐患。那么在体育课堂上通过教学手段的创新，就可以吸引学生的注意力，让学生从繁重的学习压力中解放出来，放松身心，振奋精神，通过积极投入，增加锻炼，提升身体素质。

二、创新体育教学策略

（一）运用师生角色互换，突出学生主体地位

传统的体育课堂教学以教师讲授为主，学生获得运动技能为目标。但是单一固定的课堂教学模式则容易使学生疲倦，不利于调动学生学习的积极性，更未能突出学生在学习中的主导地位。德国著名的民主教育家第斯多惠曾说:“教育的艺术不在于传授的本领，而在于激励、唤醒和鼓舞。”师生角色互换，教师成为课堂教学的引导者、服务者，学生成为课堂的真正主角，极大地调

动起学生参与的积极性和主动性，唤醒学生自我实现的内在愿望，能有效提高课堂教学效率，促进学生综合素质的提升。

角色互换可以安排在课堂教学开展前，老师根据教学内容，结合班级的实际情况，对学生进行分组。学生在准备的过程中，结合自己的能力水平和兴趣爱好，充分发挥主观能动性，通过多途径多方式，如利用教材、向老师咨询请教、通过网络资源等方式，了解掌握教学内容的相关知识点，设计教学方案，然后在实践中展示这一堂课。这一过程可以极大地培养学生发现问题、解决问题的能力。

同样在教学过程中，我们也可以角色反转。老师以“学生”角度提问。例如，在田径教学中，教师向学生提出“推铅球的方式有哪几种”的问题，然后让学生独立思考或小组讨论，最终学生给出了“侧向原地推铅球”“上步推球”侧向滑步推球”等不同答案。这样的教学方式，不仅能极大地调动学生参与课堂的积极性，而且培养了学生的创造性思维，体会到探索创新的喜悦。

（二）情境教学，使教学更具目的性

情境教学法是指在真实的情境中，使学生通过切身的运动实践，运动欣赏等体育行为，提高运动能力，加深运动感悟，促进体育价值观形成的教学过程。其主要特点表现在情境的真实性、开放性以及感受的深刻性、持久性。

情境教学法与传统的技能教学不同的是：教师不是从基本的动作教起，而是从项目整体特征入手，然后再进行具体技能学习，最后再回到整体的认识和训练中，突出主要的运动技术，而忽略一些枝节性的运动技术。注重在实践中培养学生对项目的理解，把技术运用在“尝试性比赛”中，引导学生去懂得如何学以致用。

比如在球类技战术教学中，让学生进行实战观摩，通过看比赛片段、动态图的演示、图解的讲解等方式，结合实战向学生演示一些技战术的配合和应对的方法，既培养学生全面观察情况，把握和判断时机以及临场的应变能力，又能使学生最终可以根据所学的技术和战术，判断出“做什么”和选择最佳的行动方案——“如何去做”。

比如篮球技战术的教学，挡拆配合。把 NBA 比赛中配合的技术截取，用慢速播放形式展示，然后学生分组进行比赛，强调比赛时尽量用挡拆配合，少用其他配合，在此过程中老师可以运用视频手段拍摄学生配合的过程。总结过程中视频回看并向学生提问，在运用这个技战术中注意的事项，引导学生了解挡拆配合的要求：快速移动，准确卡位，把握时间，正确拆分。老师再示范讲解动作，并在此过程中提出学习的重难点，侧掩护时脚要站稳，不能移动挡拆，挡拆到位后手臂的摆放等，最后才分组进行挡拆练习。这样使得学生学练更有目的性，课堂效果更显著。

（三）使用运动 APP 软件，综合构建体育课堂

随着我国科技的进步，信息化技术的发展，大量的新事物进入了我们的生活中，为我们的生活带来了一定的便利。在高中的体育教学中，为了促进教学手段的有效性，老师就可以将新鲜事物与实际教学结合起来，利用和体育教学相关的 APP 软件，进行课堂教学。这既符合学生的心理需求，又能促使其把更多的注意力投入到课堂中来，提升参与度，从而实现教学的有效性。同时在兴趣推动力的基础上，能使学生多去练习，做到自我比较评价，使自己的运动技能水平进一步提升。

比如，在进行 24 式太极拳教学时，老师就可以利用《24 式太极拳》APP。将学生进行分组，每组配备一个手机或 Ipad 设备，通过 APP 里面的太极拳概要简介，先了解太极拳的特点；再集体观看视频，建立拳术的整体印象和概念。在观看过程中，老师引导学生关注太极拳的特点在视频中的体现—心静体松、圆活连贯、虚实分明、呼吸自然。最后，让学生通过图文讲解，自学动作，小组协同合作初步掌握动作的框架。在此基础上，老师再介入其中讲解示范教学，学生掌握技能自然就事半功倍。

课后老师还可以布置练习，让学生再次通过 APP 去复习、巩固、提高，在下一次的课堂中以小组形式进行展示，这样使得课堂学习有了延伸，也使得学生技能的掌握和提升会变得更好。当然在教学过程中要引导电子设备的合理使用，仅限课堂内使用，鼓励放假后回家通过软件继续学习、复习提高，自学将要新授的课堂内容。

我们还可以合理利用抖音小视频，设计合理体育项目。

目前短视频在年轻人中十分的流行，体育老师就可以积极利用它，设计新颖有趣的体育项目。这样不仅可以激发学生的兴趣，调动学生的积极性，

更能促进他们对体育项目的喜爱，主动参与到体育项目的锻炼中来，从而达到增强他们的身体素质的目的。但在这个过程中，老师要注意度的把握，不能让学生形成依赖习惯。

比如，老师可以选择一些符合学校现有教学条件和环境的体育项目，课堂上让学生根据自己的兴趣进行挑选，选择最多的那个项目，就是下一节体育课的主要教学内容，这样既尊重了学生的意愿，又充分满足了学生的心理需求，也有利于体育课堂有效性的实现。并且在教学过程中老师还可以将同学们活动的过程拍成抖音小视频传到网上。这样既是对学生的一种肯定，也有利于对抖音小视频的合理利用。

这样有效合理的使用 APP 软件，既促进了教学手段的创新，又构建了良好的教学氛围。

（四）利用积分制管理，科学评价学生表现

（1）设置“积分”：教师在设计教学目标和内容时，将一个技能模块设定为一个单元，根据技能难易程度，结合学生的运动能力水平，设定为掌握、基本掌握、未掌握三个等级，分别以 3、2、1 进行量分。

（2）得分原则：形成牢固动力定型做动作熟练、省力、自如，即为掌握；技术动作有改进，动作规范，基本上建立动作定型，即为基本掌握；动作吃力、不协调，动作间有干扰现象，并伴随着一些多余动作，肌肉紧张，即为未掌握。

（3）运作方式：模块教学结束，安排课堂内测评。可以根据运动项目和内容的不同，运用多种方式。如武术项目，五步拳，可以东南西北四个角背向而立，独自演练，老师和学生互评结合。田径项目，蹲踞式起跑技术，分组沿跑道线模拟起跑，从器械调整、重心控制、起跑的步伐等方面考评。

（4）积分统计：老师记录测评课同学的得分，按比例折算计入期末总分。

（5）激励办法：每个模块测评结束，老师和学生互评相结合的方式，评出“模块之星”，学期评选“课堂优秀之星”进行表彰，学生所有积分结果都将作为评优评先的重要参考依据。

积分制管理的实施，使学生更加有学习的动力，积极性和主动性得以提高，有利于激发学生之间的竞争意识，完善了教学中的评价体系，为提高创新教学手段的有效性奠定了基础。

三、创新体育教学手段的注意事项

（一）与教学实际要紧密

创新的教学手段要符合学校实际，与学校的资源配置和学生实际的运动能力水平相符合。如教学手段与学校现有的教学资源相脱节，就会在教学的实施过程中，导致教学工作无法顺利开展创新；教学手段的教学难度与学生现有的运动水平能力不符，就会导致学生空有体育理论知识，但实际运动技能的掌握和提高并不理想。

（二）创新教学过程中要紧扣主题

不同地区的高中学校教学水平参差不齐，对体育学科认识也不充分，创新教学手段就有可能因为这些因素，导致教学偏离主题。比如：学校倡导老师要学会放手，让学生通过多媒体课件自主学习，有一部分老师就会完全让学生观看体育视频，自己在课堂上完全不参与，过分强调学生的自主性，忽视老师应该承担的指导责任，这就是偏离主题的表现，不利于学生的健康发展和课堂的有效性实现。

（1）注意师生安全

创新体育教学手段，丰富体育课堂内容，但对课堂的安全性也提出了更高的要求。首先教师要考虑学生的个体差异，设计科学合理、难易程度得当的教学内容和教学过程，要加强安全教育，落实课堂常规，对学生练习中的错误动作要及时纠正，场地、器材安排布置落实要到位。

（2）注重教学质量

在教学过程中，教学质量永远是学校以及老师所关注的重点。那么在创新体育教学的过程中，为了保障教学质量，学校就可以采取调查问卷和对比观察的方法。通过调查问卷形式了解学生对教学手段创新的喜好程度、欢迎程度；通过对比观察的方法，对使用创新与传统不同教学手段的班级比较，从学生课堂的参与度、技能掌握度、身体素质提高等方面做出参照，再结合每年的体质健康数据测试的机会，进行综合对比，用数据来体现结果。

综上所述，创新体育教学手段是提高体育课堂的有效手段，并且保障创新体育教学手段的有效性也是学校需要努力的方向，只有保障了教学手段的有效性，才可以确保课堂的有效性。这样不仅有利于激发学生的学习兴趣，让学生自主投入到体育运动的学习、锻炼中来，更能培养学生终身体育锻炼意识和习惯，为促进我国的体育事业发展起到一定的推动作用。

第五节　体育教学模式的多元化发展

一直以来，高校体育是我国整个教育体系中非常重要的一个组成部分，它是连接学校教育与社会教育的重要枢纽部分。目前越来越多的人已经开始认识到终身体育思想的重要性，并对其致以高度的认同，随着终身体育思想的普及发展，如今，终身体育思想已经渐渐成为现代人们社会生活的理想追求。终身体育思想也在学校体育中得以充分的重视与运用，而高校体育作为学校体育教育的最后阶段，是培养学生终身体育思想与习惯的重要平台，同时也为学生将来走向社会，并在社会生活中培养终身体育习惯与行为打下坚实的基础。高校体育教学模式是高校体育教学的基本结构，其中凝聚了高校体育教学理论核心，是一个具有操作性与实践性的体育教学框架。在当前高校体育教学改革的过程中，通过对多元化体育教学模式的构建，不仅有利于培养大学生健康的身心素质和持久的体育思想，从而实现大学生身心素质的全面发展，同时也符合当今时代对于综合素质全面发展人才的需求。

一、高校体育教育中多元化教学模式的重要作用

在当前的高校体育教学过程中，通过对多元化、富有成效的新型体育教学模式的运用，充分体现学生在教学过程中的主体性，鼓励并引导大学生积极参与到体育教学过程中，提高学生参与体育活动的主动性，从而提高学生的参与度，使得学生在彼此之间的互动与交流中学习体育理论并提升体育技能，有利于培养学生的实践能力和团队协作能力，同时也有利于激发学生对于体育课程学习的兴趣与热情，从而增强学生的体育学习效果，最终实现体

育教学目标。在高校体育教学过程中，在实施多元化体育教学模式时，要充分挖掘并利用已有的体育教学资源，对体育教学模式进行适当的改革与创新，增强体育教学模式的新颖性、多样性与有效性，并积极引入符合学生身心发育特征、受大多数学生欢迎的体育活动形式，在保证体育教学模式科学性与实用性的基础上，进一步丰富高校体育教学模式，从而促进高校体育教育事业的高水平发展。高校体育教师在体育教学过程中，开展多元化教学模式的时候，还应该充分了解并掌握当地学生的具体实际情况，探索出科学合理且具有特色的体育教育形式，以更进一步地丰富整个体育教育体系，对体育教育相关资源进行充分挖掘与有效整合，并且还可以在整个教学过程中，适当融入一些具有趣味性的元素，以实现体育教学过程的趣味化与特色化，最终促进高校体育教学有效性的提升。

二、体育教学模式多元化的必要性与可行性

（一）体育教学模式多元化的必要性

多元化已经成为当今社会多个领域发展的普遍追求。在学术领域中，多元化发展为学术理论的生存与发展提供了比较广泛的空间。在如今的社会中，传统的绝对主义思想已经渐渐被多元化发展思想所取代，渐渐失去了其存在的意义。在当今信息时代背景下，多元化发展思想渐渐推动着现代教学模式的合理化与科学化发展。所以，对于高校体育教育而言，非常有必要顺应时代发展的需要，自觉改变过去传统单一的体育教学模式，积极改革并创新体育教学模式，并结合本校发展实际，充分挖掘、利用、整合当地教育资源，探索出多种符合实际的新型体育教学模式，进一步丰富体育教育体系，以实现体育教学模式的多元化发展，从而促进高校体育教育整体水平的有效提升，这是当前高校体育教育过程中非常重大的举措。

（二）高校体育教学模式多元化的可行性

1. 课程行政主体的多元化

我国于 2001 年 7 月颁布了《体育与健康课程标准》，该标准中提出要对课程管理的权力进行下放，与此同时，还提出了三级课程管理体制，具体

地说，就是建立国家、地方与学校共同管理的课程体制。对于学校而言，将有更多的自由与权力来管理体育教学内容与教学方式等。我国所制定的新课程标准与传统的教学大纲具有比较明显的差异，主要表现为只是制定了教学目标，而对具体的教学内容并没有进行详细且硬性的规定。该课程标准还将体育教学目标进行了适当的划分，分成了五个领域和六个水平。但是对详细的评价方法与可行性的评价方案没有进行具体明确的规定，而是交给高校和体育教师来自行设定。总之，该体育课程标准的实施，为高校体育教学模式的多元化发展提供了良好的政策环境。

2. 对传统体育课教学模式的反思

在传统体育教学中，主要教学目的在于提高学生的体能素质，并向学生传授运动技术，在传统的课堂教学中，主要运用的是一种教师讲解示范—分解练习—完整练习—熟练巩固的教学模式，在该模式下，主要是以学生的运动技能形成规律为基础的。尽管这种传统的体育教学模式有利于增强学生的身体素质，有利于提高学生的运动技能，但是却乏一定的针对性，不利于学生综合素质的全面发展。基于这样的情况，作为高校体育教学工作者，应该积极创新，勇于探索，自觉培养自己的创新意识与探索精神，并根据时代发展需要，结合现代体育教学理念，构建出多元化的新型体育教学模式，从而培养出符合时代发展需求的复合型人才。

三、高校体育教学模式多元化发展的策略

（一）加深对体育教学模式多元化的认知

在当今这个信息时代背景下，各大高校应该积极转变自己的体育教学理念，积极学习并引入先进的教学理念，在传统的体育教学评价中，教师只是将学生的成绩作为评价学生体育能力的唯一标准，这种评价方式缺乏一定的科学性与全面性，难以对学生进行客观公正的评价，因此，高校体育教师在注重学生体育能力的评价时，还应该注重学生身体素质、心理素质等多方面的评价。因此，在体育教学过程中，高校与体育教师应该重新审视信息化教学的重要价值，充分认识体育教学的重要性，适当提高体育教学的地位，实现其学科地位的提升，要想做到这一点，首先就需要高校体育教学工作的管

理者充分认识到体育教学模式多元化发展的重要性，只有如此，才能使得高校体育教学工作者积极转变过去传统的教学理念，在体育教学实践过程中，能够自觉运用现代信息技术。

（二）创新高校体育教学模式

在信息时代背景下，高校应该以新型的、先进的体育教学理念为思想指导，积极探索出新的体育教学模式，高校体育教师，是整个教学过程的重要主体，是整个教学活动的引导者与组织者，在整个教学过程中发挥着非常重要的作用。因此，体育教师在实际的教学过程中，应该充分尊重学生的主体性，通过在教学过程中适当融入一些趣味性元素，以激发、调动学生自觉学习体育课程的积极性与主动性，鼓励并引导学生主动探索体育学习中的奥秘，以培养学生的自主学习能力和实践能力。与此同时，体育教师还可以根据教学大纲的要求，积极开展一些具有趣味性的体育教学活动，例如，体育教师可以通过分组教学法与比赛教学法相结合的方式，让学生通过自由组合与比赛活动的形式，主动参与到体育项目技术的学习中，从而激发学生的学习兴趣与热情，最终实现体育教学效果的提升。

（三）提高高校教师的技术水平

在互联网时代背景下，信息技术已然成为推动教学发展的重要手段，而在信息环境下，高校应该加大对体育教学专业技能的训练，比如说，对计算机相关知识的培训，要求教师必须要掌握相应的Photoshop和Office办公软件。同时还要学会动画制作等教学视频的制作，将教师的信息技术能力作为教学考核的重要标准，只有这样，体育教师才能够以提升自身的专业水平为根本，不断加强对信息技术的学习，定期与优秀的体育教师进行技术交流，实现共同进步。

（四）加强高校体育教学、科研经费投入

高校体育场地、器材不仅是教师选择教学内容的重要依据之一，同时也是限制大学生参加体育活动的重要因素。高校体育教师在进行教学研究的过程中，遇到最大的问题就是经费投入不够，这在一定程度上降低了他们从事

科研工作的积极性。加强学校体育教学、科研经费的投入，不仅可以激发教师进行教学改革的动机，也是教改研究能够得以顺利进行的财力、物力保障，还可以激发起学生参加体育运动的兴趣与热情。

（五）重视学生在教学过程中的主体地位

素质教育要求把学生作为学习的主体，强调参与、合作、尊重差异和体验成功。教师在选择体育教学模式时，应注重与学生之间的积极互动，共同发展。研究学生的身心特点，因人而异，因材施教，满足不同学生的学习需要。创设能引导学生主动参与的教学环境，激发学生学习的积极性。努力发展学生的聪明才智和个性特点，养成自觉锻炼身体的习惯，使“主动”成为体育教学的核心，引导学生自己去掌握知识、技能，学会锻炼身体的方法，并且实现由“学会”到“会学”的转变，增强学生的学习能力，并使之可持续发展。

（六）运用模式，超越模式

在强调模式方法重要性的同时，还应充分认识到模式方法的局限性。其一，模式是在系统分析的基础上抽象和简化而成的，模式一旦构建完成，即具有相对的稳定性。在一定条件下，模式的稳定性会和不断发生改变的系统产生一定的抵触。此时模式就不具备先进的导向性了；其二，构建模式的目的在于在相同条件的区域进行推广。但是，一旦无限扩大模式推广的领域和范围，就会使其与客观实际相脱离，因此模式是不断发展的，模式的推广也是有条件的。适用一切目的和一切分析层次的模式无疑是不存在的，重要的是根据自己的目的去选择正确的模式，并对多种模式进行综合运用。

综上所述，对高校体育教学模式多元化的探析，旨在改变当前高校传统的教学理念，以信息技术为依托，实现体育教学模式的创新。同时定期开展座谈会，提高教师自身的专业技术，创新教学的内容，从而更好地提高教学的质量。

第六节　体育教学的有效性与正当性

一、体育教学的有效性

我们国家长期的“应试教育”模式，导致许多学生苦于文化课的学业压力。中学阶段在学生学习生涯中所占比重很高，尤其是高中阶段，学生所要面临的高考让学校把学科的重点教学放在了文化课上，体育课就容易被学校忽视，这对于学校的教育工作是不利的。体育课本就在学校课程设置中的所占比重较低，在这样被忽视的情况下，如何加强体育教学的有效性，让学生在稀少的体育课中提高身体素质，帮助他们缓解课业压力，同时也能激发学生对于体育运动的热爱，这是作为一名体育老师所要探究的问题。

（一）教学定位准确，更新教学观念

在中学教育阶段，家长、老师都把大部分注意力放在学生文化课程的训练上，我们承认文化课程对于学生最后成绩的核心影响，但是不能因此而忽略体育教学的重要性。作为一名体育老师，对于如何把控好一节有效的课程教学是有度的，当然教师对体育课程的重要性定位应该是明确的，体育课程的设置应该是能够体现出学生的自主性、主动性和创造性。不管别人怎样看待体育课程的价值，作为体育老师，应该是明确体育的定位是和其他四育并存，对学生的成长是必不可少，所以对于那些占用体育课程的现象，应该说不。而且，教师自身也需要去接纳新的教学理念，在观念的调整更新中改进课程教学。教师应该认识到体育教学对于学生提升身体素质的重要性，在体育教学过程中，教师面向的不是个别学生，而是整个班集体，群体性的教学难度更需要考虑的全面。根据不同的年级学生的课业压力，教师要调整课堂教学的体能训练要求。教师要转变旧观念，根据学生的身体素质实况去安排教学内容。体育课是开放性的活动课程，但不代表学生就纯自由活动，教师应该保证每节课都提供给学生一些有科学依据的体能训练，有效的体育教学

需要教师有意识地去变换教学方式，寻求自己所代表的体能训练要求和学生所代表的运动需求之间的平衡点。在课程实施过程中的实践安排固然很重要，但在此之前，教师有意识地去规划课程安排，去接纳体育教学中的新鲜观念也很重要。

（二）注重课程训练的科学性

任何一门课程的任课教师都需要专业性的支撑作为提升教学有效性的依据，体育老师也不例外。体育课程和文化课程的不同就在于它的灵活性不确定性因素更高，体育课程很难像文化课程那样去做详细安排，这就给教学活动增加一定难度。学生离开教室可以有难得缓解压力的时机，但并不意味着体育老师就完全给学生自由安排，怎样把控好学生放松的度以及让学生完成一定量的体育训练，这就体现出教师的智慧了。

教师除了对于体育知识要有系统性的掌握，还要懂得把专业知识结合学生兴趣，科学合理地呈现在教学过程中。例如，教师在正式运动之前，做好准备活动，在选取教学内容时能够考虑到大部分学生的需求。传统的体育课程设置都是以教师诉求为主，现在我们不妨尝试做出一些改变，在进行实践运动之前向学生传授一些体育知识，通过讲解帮助学生即将要学习的体育课程内容有了一定了解，然后可以征询学生兴趣意愿开展体育安排。当然，开展任何一项体育运动之前，教师都要对整节课程的安排有科学规划，本节课程要让学生达到什么程度的体能素质，为了实现这一目标又应该从哪些准备活动做起，中间有需要增加哪些额外的体能训练。体育课的开放性运动性就决定这门学科在教学中对思维训练和肢体训练都有要求，需要教师科学安排课程内容，打破机械式的体育训练，增加课程趣味性，真正让学生在活动参与中体验到体育运动的魅力所在，只有学生有参与体育运动的渴望，才能激发学生的积极性，努力配合教师的课程教学，从而提升体育教学的有效性。

（三）充分利用教具，有效利用丰富的教学资源

传统体育课程的教学方式就是让学生通过跑、跳等训练机能的发展。而随着时代的进步，在各种运动器材的辅助之下，体育课程给学生带来真正意义上的运动体验，也为学生提供更加富有真实感的课程教学体验。而且，信

息化时代的到来，教师可以采用数据汇集的方式，利用丰富的教学资源，帮助学生进行体能素质记录。不定期为学生记录好体质测量数据，提高学生对身体素质的关注度，这对于提升学生的课程积极性、专注度是有积极影响的，这也可以帮助教师实现体育教学的有效性。

学校体育工作要始终以学生为主，教师不仅重视学生的文化课成绩，也要看到体育运动对学生的必要性。有目的、有计划地去规划教学内容，体育老师应该充分利用教学时间，真正发挥体育课的效用，让学生在体育活动中既能得到放松，同时也会为文化课的学习塑造良好的身体状态。

二、体育教学的正当性

正当教学主要是指教学者的教学行为和教学实践应符合人类最基本道德的一种属性。从内容上来看，包括 5 个方面。①正当的教学应当是符合法律要求的，不合法何谈正当。教师在教学过程中应当尊重每位学生受教育的权利。②正当的教学应该是平等的。教师要做到一视同仁，平等待人。③正当的教学要以学生为中心，要尊重学生，在教学中体现学生的主体性。④正当的教学应该是符合道德的要求。如诚实守信，公平正义等。教师在教学过程中要促进学生的道德理念，培养学生成为有德之人。⑤正当的教学应该发挥教师的带头作用，做到宽严有度、松紧有法，才能保障教师的正当性。

三、体育正当教学应采取的措施

（一）保证每一位学生有参与体育活动的权利

体育课程在中小学是一门必修课程，每一位学生都具有上体育课的权利。体育教师的职责不是禁止学生上体育课，而是鼓励学生去积极参与体育活动。我们应做到。有自己的智慧和良好的教法去吸引学生，对于那些不愿意参与体育活动的学生，教师要积极地做思想工作，多去跟学生沟通；对于那些上体育课有困难的学生，教师要把他们领进操场，让他们观察体育带给人的快乐。

（二）体育教学的正当性要做到区别对待

“区别对待”教学原则在体育教学中尤为重要，因为在同一年级，同一层次的学生在智力方面可能差别不太大，而在身体素质和运动技术方面，他们存在着很大的差距，因此会造成学习运动技术快慢的问题。要根据学生的身体素质和运动技术的能力、兴趣爱好，合理地分组，教师在有效性教学中要确保教学的正当性。

（三）确保以学生为中心的主体地位

在体育教学实践过程中，学生也有自己的观点和主见，教师不要把学生当成是实现某种外在目的的手段。我们应该让学生不是消极，被动地接受教育，而是让他们主动、刻苦、有创造性地去学习。不是说以学生为中心，教师就没有意义了，而要把两者结合起来，把握好课的尺度，才能使教学达到有效的发展。

第五章 体育教学思想的革新与发展

第一节 现代体育教学改革的教育思想

体育教学思想观念的创新能在很大程度上带动体育教学的发展，促使体育教学向着科学化、先进化的方向发展。对近现代国内外体育教育发展的研究表明，体育数学要想取得良好的发展，没有一个先进的、符合现代教学要求的体育教学思想是根本行不通的。多年来，我国体育教学工作研究者对体育教学的目标、任务、方法、手段等问题展开了深入而具体的研究，这在很大程度上推动了我国体育教学的发展。

一、近现代体育教育思想的形成

（一）自然主义体育教育思想

欧洲文艺复兴时期，自然主义体育教育思想诞生。这一教育思想的基本原则是体育教育应以“自然教育”为中心，按自然原则，利用自然手段对儿童进行合乎自然的体育教育，要根据儿童的兴趣和需要来合理选择体育教育内容。另外，本理论还认为要想使儿童成为一个全面发展的人，就必须要将儿童置身于大自然，让儿童在大自然中获得进一步的发展。这一教育思想在历史上延续了数百年，影响力深远。这一思想观念既有优点，又有缺点，具体表现如下所述。

1. 自然主义体育教育思想的优点

第一，它充分肯定了体育在人的成长过程中的作用及意义，并提出了一套自然主义的体育方法，能促进人类自身良好的发展。

第二，它注意到了兴趣和需要（人的心理）在体育教育中的作用，在当时具有一定的先进性，在现代教育观念中也有着不可磨灭的作用。

2. 自然主义体育教育思想的缺点

第一，它以“本能论”为立论基础，认为人的兴趣和需要也都是源于人的本能，具有一定的片面性。

第二，把体育混同为教育，突出强调了文化教育功能而忽视了增强体质这一体育的本质功能和主要目的。这种错误的认识导致体育教学中出现“放任自流”的现象，进而导致人们对体育的教育性和科学性产生怀疑和误解，不能科学地认识到体育的本质。

（二）体质教育思想

体质教育思想的基本观点是：体质教育的根本目的就是增强体质，促进健康，使学生的身体形态、机能和基本活动能力得到全面的发展。体质教育与强身健体之间是密不可分的，体育教育的真正意义就在于增强人的体质、完善人的身体，这也是体育区别于德育、智育和美育的地方。这一观点充分认识到了体育教育的特殊功能——增强体质、完善身体，对增强学生体质、增进学生健康起到了非常重要的作用。但在这种教育思想下，教学目标过于狭窄，教学模式过于单一和刻板，过分强调了体育教育的生物属性和身体发展性，而忽视了体育教育的教养性和教育性，这种做法是不可取的。

（三）折中主义体育教育思想

这一教育思想的基本观点是：在体育教育过程中，一方面要坚持“技术观”，另一方面要坚持“体质观”，是自然主义教育和体质教育的综合。这一教育思想认为体育教育要试图克服上述两种体育教育模式的不足而各取所长，但它也在一定程度上导致了体育教育思想的混乱，学生既要实现技术水平的提高，又要实现体质的增强，这是一个比较难以解决的问题。因此，寻求一种科学的教育思想观便成为现代教育的需求。

二、新课程改革下的体育教育思想

随着课程改革的不断进行，体育教育思想也发生了很大的转变，一些落后的、难以适应时代发展和教学需要的旧思想为先进的教学思想所取代，极大地促进了体育教育的发展。

（一）新课程改革下体育教育思想的转变

新课程改革下，体育教育思想发生了很大的转变，这些转变突出表现在以下几个方面。

1. 贯彻“健康第一”的指导思想

学校教育要树立“健康第一”的指导思想，切实加强体育教育工作。健康第一，不仅是学校教育的指导思想，同时也是体育教学改革的指导思想。合理的体育教学是以身体练习为主要手段，合理选择运动负荷，力求培养和提高学生的自尊、自信、意志及团队意识、合作精神、竞争能力、创新意识、人际交往等方面的能力，使其能够更好地适应社会。现代先进的体育教育思想能把身体健康、心理健康与社会适应的目标与教学内容、方法及学习评价等较好地结合起来，从而形成良性互动。

2. 突出了学生学习中的主体地位

在体育教学中，学生是体育学习的主体。体育教育新课程标准强调要“以学生发展为中心，重视学生的主体地位”，主要表现在：比较重视自主学习、合作学习和探究学习等学习方式的运用促使学生主动积极地参与学习和锻炼；重视组织教法的创建，激发学生体育学习的兴趣，使学生获得积极的情感体验；尊重学生的个体差异，注意因材施教，使每一个学生都学有所得；加强对学生的学法指导，重视学生自我评价与相互评价的运用，帮助学生学会学习。只有学生的主体地位得以确立，以学生为中心进行教学，才能促进学生全面的发展。

3. 注重创建良好的教学氛围与和谐的师生关系

新的体育教学思想注重运用情境教学、快乐教学、主题教学、体育游戏、激励性评价、师生互动、合作讨论等方法和手段来营造良好的教学氛围，使学生能积极地投入到体育学习之中。和谐的师生关系是学生主动学习的前提之一，也是学生获得积极的情感体验的重要因素。现代先进的体育教育思想要求：体育教师关心学生，以身作则，发扬教学民主精神，倾听学生意见；学生尊敬教师，自觉维护课堂教学秩序，在课堂讨论中畅所欲言；师生之间、同学之间形成良好的教学气氛，从而促进教学水平的提高。

4. 关注学生的运动情感体验

在体育教学中，学生的情感体验非常重要，它是培养学生体育学习兴趣和终身体育意识的关键，同时也是学生积极主动学习的重要条件，是促进教学质量提高的重要因素。现代体育教学思想能根据学生心理活动的规律来组织教学，能够满足学生的心理体验，提高学生的学习兴趣。

5. 重视课程资源的开发利用

新课程标准主要强调课程目标的统领作用，由体育教师根据学生的身心特点合理选择教学的内容与方法，这是符合体育教学实际的做法。在新的体育教育思想的指导下，有的体育教师还开发出一系列具有较强健身性与趣味性的教学内容，极大地提高了体育教学的质量。

6. 科学的体育学习评价

在体育教学评价中，多元学习评价是新体育课程改革的一个亮点，这种教学评价突出的是学生的自我评价与相互评价。在评价内容上，既注意了知识技能、运动参与和学习态度的评价，又注意了合作精神与情意表现的评价，能在很大程度上提高学生学习的积极性，促进教学水平的提高。这一教学评价虽然取得了一定的成绩，但在实际运用中也存在着一些问题和不足，主要表现在以下几个方面。

（1）学习目标存在问题。有的学习目标不够明确、具体，难以进行检查评价；有的学习目标没有体现区别对待、因材施教的原则；有的学习目标过多，不利于教学；有的学习目标表述不够规范，制定得不合理。

（2）忽视运动技能教学。这主要表现在几个方面：第一，偏重选用技术含量较低的教材；第二，教学中缺乏对学生的指导；第三，用于运动技能学习的时间偏少；第四，缺乏对教学质量的要求。

（3）自主学习、合作学习、探究学习是现代比较先进的教学模式，但是有些教师在具体运用时，只关心外在的形式，对其实际效果重视不够，导致教学效果上欠佳。

（4）在课程资源开发利用上，对各种资源的整合重视不够，对已有资源的有效运用不够充分，有的课在资源利用上还存在一定的浪费现象。

（5）在学习评价方面，教师在运用激励性评价时存在言过其实的现象，向学生传递了不真实的信息致使学生的学习受到一定影响。新课程改革为体育教师的能动性提供了更大的空间，广大体育教师应认清形势，牢固树立终身学习的意识，认真把握好新课程标准，不断探索新的教学方法、手段、模式等，不断提高自己的专业化水平，促进教学质量的提高。

（二）新课程改革下的先进体育教育思想

随着现代教育的不断发展，涌现出了众多先进的教育思想，这些思想对我国体育教育的发展产生了深刻的影响，其中影响力较大的有“终身体育”的教育思想、人本主义教育思想等。下面主要阐述终身体育思想对我国体育教育的影响。

1.“终身体育”教育思想的概念

终身体育是指在人的一生中都要进行身体锻炼和接受体育教育。具体来说，就是一个人从生命的开始到生命结束，都要适应环境与个人的需要，进行身体锻炼，以取得生存、生活、学习与工作的物质基础或条件。终身体育既是指人从生命开始至终结，在整个过程中都要参加体育锻炼，使体育成为日常生活中必不可少的内容；又是指以正确的体育观与方法论指导人生的不同时期、不同生活领域中参加体育活动的实践过程。终身体育本身是思想意识和行为倾向的有机结合，体育意识是终身体育的思想基础。体育意识的强烈程度直接影响人们终身体育思想的形成。终身体育强调个体生命整个过程中不同时期的体育，即体育健身贯穿于生命的全过程。经过一段时间的发展，这一思想逐渐确立了在体育教育中的地位，成为现代先进的体育教育思想。

一般来说，终身体育由相互联系、相互影响的学校体育、社区体育、家庭体育构成，共同作用于个人，并要求学校、家庭、社区均应开展一些体育活动，为人们提供参加体育活动的机会。终身体育贯穿于人的一生，对社会而言是全体国民的体育，二者的统一是终身体育追求的最高目标。

终身体育思想的形成是人类自身和社会发展的必然要求。在学校中开展体育教育，并向学生灌输终身体育的理念，对于大学生的成长及对社会的适应都具有重要的作用。

2. 终身体育的特征

（1）体育锻炼时间的终身性。终身体育之所以是一种先进的教育思想，就在于它突破了传统的学校体育目标，强调学习和掌握运动技能的观念，使学校体育教育获得了进一步发展。传统的体育教学观念把人接受体育教育的时间仅仅局限在在校学习期间，体育锻炼的内容也是局限于体育知识、运动技能的学习和掌握。而终身体育则要求根据个体生长发育、发展和衰退的规律和阶段特征进行科学的身体锻炼，体育锻炼要贯穿人的一生。

（2）体育锻炼群体的全民性。终身体育锻炼具有全民性的特点，这是指接受终身体育的所有人，在对象上便有儿童、青少年、成人和老年人等，在范围上有学校体育、家庭体育、社会体育等。而终身体育为指导开展全民健身运动，其实质是群众体育普及的进一步发展，以实现广泛普及化。在现代社会，每一个人都要学会生存，而要学会生存则离不开体育。因为生存发展是时代的主流，要生存就必须会学习、运动锻炼和保健，人们要想更好地生活，就要把体育与生活紧密联系在一起，在参与体育活动中终身受益。

（3）体育锻炼目的的实效性。终身体育的最终目的是维护和改善人的生活质量，增进健康，延年益寿。终身体育是以适应个人发展和社会发展为根本着眼点的。人们为了改善自己的生活质量，根据自身条件合理选择适合自己的体育方式，做到有的放矢，具有较强的针对性和实效性。总之，终身体育锻炼要有明确的目的，要能促进自身的全面发展和终身发展。

3. “终身体育”教育思想的意义

（1）提倡终身体育的思想满足现代化社会发展的需要。终身体育的一个重要目的就是增强体质，这同时也是我国社会主义体育事业最本质的特点。社会劳动力都是由不同年龄段的人组成的，都面临着如何保持身体健康和能够适应社会分担的一份工作。提高劳动生产率，除了靠科学技术水平的提高外，还是需要掌握科学技术的人创造物质产品，来满足人类生存发展的需要。要适应现代社会发展的需要，要保持身体经常处于最佳状态，就需在人生的不同阶段选择不同的身体锻炼形式与内容。无论是何年龄段、何种职业，都面临着对它的选择，以保证自己身体更加健康，精力更加充沛，适应社会的发展变化及未来生活的需要，而这种伴随人生一起发展的体育，就是终身体育。社会现代化程度不断提高，现代人把经常从事身体锻炼作为生活方式的一个重要内容与标志，是人类文明发展的必然。全民族都能做到天天坚持身体锻炼，并养成自觉的锻炼习惯，反映了一个国家的文明程度，展示了现代人的生活方式，从而促进了社会的发展和进步。

（2）迎合终身教育思想，促进学校体育改革。终身体育不是只追求某一特定的运动技能和运动的熟练程度，而是学会能自我分析自身的身体锻炼和运动实践的综合能力，注重培养学生对体育的爱好、兴趣，养成锻炼的习惯，注重学生掌握系统的体育基本理论知识和科学的身体锻炼方法以及检查评定方法，形成终身体育的意识、思想和能力、习惯，对学生自觉、自愿参加和组织体育活动的能力提出更高的要求。终身体育思想的提出加快了体育教学改革的进程，成为体育教学中重要的指导思想。

（3）满足体育生活化的要求。大众体育发展的动力是体育生活化，生活化的体育是社会进入小康社会的必然产物。在现代社会中，人们生活的价值容量在不断地扩大，生活与体育之间的联系越来越密切。人们在每个阶段参与体育锻炼，能增强自己的体育意识，提高对体育锻炼的认识并形成自觉自愿的锻炼风气，这已经成为社会发展的必然。社会成员终身体育意识的形成，对推动群众体育的开展，提高群众体育活动的兴趣，促进文化交流都具有重要的意义和作用。终身体育注重人的个体性，并且着眼于人一生中的不同年龄阶段、不同的生活环境、不同的职业特点来选择不同的内容和方法，采用不同的形式进行身体锻炼，可以终身受益。虽然我国的大众体育获得了一定的发展，但受场地、器材、经费和组织等因素的影响，我国每年开展群众体育活动的次数是非常有限的，其时效性也不高。因此，大力倡导终身体育的观念，增强体质是实现体育生活化社会发展的要求。

社会对体育的需求是体育发展的动力，经济的不断发展又促进着社会对体育的发展提出要求，同时，社会经济的发展也为体育事业的发展提供了经济投资的可能。终身体育就是在经济发展的条件下，不断向社会提供体育劳务这种特殊的体育消费品，人们通过体育锻炼能达到强身健体、丰富业余文化生活、提高体能和心理素质的目的，从而促使人们能更好地将精力投入到经济建设中，从而促进社会经济的发展。

第二节　现代体育教学的发展分析

一、现代体育教学发展背景分析

（一）社会经济的发展

体育的改革与发展依托于社会的进步和经济的发展，因此，社会经济的发展对体育及体育教学的发展具有重要影响，社会和经济的不断进步是现代体育及体育教学发展的重要现实背景，具体表现在以下几个方面。

1. 经济的发展促进体育设施建设

目前，我国对教学设施的投入力度不断地加大，学校体育教学的物质环境得到了极大的完善，这对学校体育教学的发展具有重要的促进作用。

2. 社会压力的不断加大

当前社会生活节奏快，竞争激烈，人们的心理压力越来越大。以大学生为例，他们面临着课业负担、就业压力以及人际交往等各种问题，许多大学生都有着不同程度的心理问题（如性情孤僻、压抑，情绪失常等），而参加体育运动往往能够有效缓解个体的精神压力，故而对大学生来说，加强体育教学具有重要意义。

（二）教育事业的发展

体育的发展与改革是整个教育体系发展改革的重要部分，因此，教育事业的不断发展是体育发展的重要背景之一。教育事业是我国各项事业当中最重要的一项，对国家的综合国力和未来前景具有重要的影响。随着人们对教育事业认识的加深，国家也采取了一系列措施来加强教育事业的发展。例如，《中国教育改革和发展纲要》指出，要进一步转变教育思想，对教学内容和教学方法进行改进，克服教育过程中不同程度存在的脱离经济建设和社会发展需要的现象。再如，国家颁布的《中共中央国务院关于深化教育改革全面推进素质教育的决定》又强调了健康体魄是青少年为祖国和人民服务的基本前提，是我们中华民族旺盛生命力的体现。因此，体育作为素质教育改革的一个占据着主要地位的方面，在政府的指导、国家的支持、社会多方面关注下体育教学工作无论是在教学观念上，还是在教学形式、教学内容上都取得了新的突破，为体育教学的发展提供了十分有利的条件。

（三）体育事业的发展

当前我国体育事业的良好发展态势在全国各地都营造出良好的体育气氛，对带动体育的持续发展有重要推动作用。

一方面，我国运动员在体育赛事中的辉煌成就更加促进了人民群众对体育事业的兴趣。另一方面，体育产业的蓬勃发展对于体育人才也有着更加强烈的需求。这些都促使着学校体育进行更为深入的改革。

二、现代体育教学发展对策分析

在全面推进的教育改革中，教育指导思想是改革的先导，作为课程体系重要组成部分的教学内容是改革的核心和切入点。教学改革只有进入了课程改革的阶段，改革才算是进入了实质性的阶段。

（一）以终身体育为体育教学发展指导思想

终身体育是指将体育纳入自己的生活，并伴随人的一生。终身体育思想的树立和形成能有效促进我国体育教学的发展。

树立终身体育观念是体育教学目标改革的指导思想，也是体育教学发展的落脚点。终身体育能否实现，在很大程度上取决于这种观念是否树立和能力是否形成。当下，树立终身体育的观念要求教师正确引导学生科学认识和理解体育的价值，端正学习体育的态度，积极学会体育锻炼的技能，掌握体育锻炼效果评价的方法，形成终身体育能力，为终身体育锻炼奠定基础。

（二）以课程目标调整体育教学发展重点

把增强学生体质、提高学生的健康水平作为体育教学的首要目标，这是由体育的本质属性所决定的。调整体育教学课程目标首先要注重学生的个性发展。体育教师应尊重学生在体育教学中的主体地位，将促进学生的个体发展作为促进当前体育教学发展的重要切入点，培养学生的竞争意识和创造能力，发展学生健康的个性。其次，重视体育知识、技能和方法的掌握。体育的知识、技能和方法是构成学生体育素养的基本要素，因此具有积极的体育动机和良好的体育素养能为今后学生从事体育锻炼打下良好基础。

（三）以丰富教学内容为体育教学发展途径

丰富体育教学内容、实现体育教学内容的不断创新是促进体育教学发展的重要途径，要求体育教师在教学中应重视以下几点。

（1）突出体育教学内容的科学性和逻辑性。在体育教学课程设计的不同阶段，体育教学内容应符合教育的内在规律和学生的身心发育特点与学生的身心发展规律。

（2）重视体育教学内容的多样性和趣味性。一方面，多样性的体育教学能够为学生提供较充分的选择余地，而不是每个学生都必须去学习很多统一的内容。另一方面，增加体育教学内容的趣味性有助于提高学生的学习积极性和主动性，引导学生认识体育教学内容学习及体育锻炼的价值。

（3）提高体育教学内容的通用性和民族性。首先，通用性是指教学内容具有统一的规范，适用于各种类型的学生，这是现代体育教学内容的主体。其次，体育教学内容的民族性是指教学内容中应吸收那些学生喜闻乐见、兴趣浓厚、具有明显地方色彩的民族或乡土体育运动项目。

（四）建立综合性教学体系

学生是体育教学的主体，因此体育教学要围绕促进学生的全面发展建立起综合性的体育教学体系。具体来说，综合性体育教学体系的建立必须以满足学生个体发展需要和社会需要为前提。实际上学生的个体需要和社会需要是辩证统一的。社会需要从某种意义上来说就是所有个体发展的需要。而从体育的角度来说，应通过体育教学去促进学生个体身体素质的全面发展和良好心理健康状态、个性心理特征的形成，使学生发展成一个集知识、品格、能力为一体的综合型人才。

第六章　体育教学模式的革新与发展

第一节　体育教学模式的基本理论

一、体育教学模式的界定

有关体育教学模式的界定，是从20世纪80年代才开始进行专门的探讨的。目前，体育教学模式的概念并未统一，其规范化程度还有待于进一步提高。在体育教学模式的研究中，许多学者对体育教学模式的定义都提出了自己的认识和观点，下面就列出几种比较具有代表性的。

（1）李杰凯认为，体育教学模式是蕴含特定的教学思想，针对特定的教学目标在特定教学环境下实现其特定功能的有效教学活动与框架，是以简洁形式表达的体育教学思想理论和教学组织策略，是联系体育理论与体育教学实践的纽带。

（2）杨楠认为，体育教学模式是体现某种教学思想或规律的体育活动的策略和方式，它包括相对稳定的教学群体和教材、相对独特的相应的教学方法体系。

（3）毛振明认为，体育教学模式是按照一定的体育教学理想设计，具有相应结构和功能的体育教学理论或教学活动模型。

（4）樊临虎认为，体育教学模式是指在一定的教学思想或理论指导下，设计和组织体育教学，而在实践中建立起来的各种类型体育教学活动的范型，它以简化的形式稳定地表现出来。

综上所述，体育教学模式能够有一个初步统一或认可度较高的概念，即体育教学思想特定，用以完成体育教学单元目标而实施的稳定性较好的教学程序就是所谓的体育教学模式。

二、体育教学模式的特点

（一）整体性

体育教学模式对体育教学的处理是从整体上进行的，具体来说，它不仅要明确规定教学活动中的教学主体（体育教师与学生）、教学客体（教学目标、教学内容等）等主要因素的地位与作用，还要对教学物质条件、组织形式、时空条件、师生互动关系或生生合作关系等影响体育教学活动并在教学活动中起重要作用的其他因素都进行相应的说明。由此可以看出，这几乎把体育教学论体系中的基本内容都涵盖了，因此，人们也将体育教学模式称为“体育微型教学论”。体育教学模式的整体性特征要求人们在对体育教学模式做出正确的认识及运用时，一定要将体育教师的教学风格、学生的年龄特点、体育基础特点、课程内容特点等体育教学模式的主要要素整体全面地确定下来并熟练把握。除此之外，教学场地条件、环境条件、教学班级人数、气候特点等一些次要要素也要列入考虑的范围内，同时还要清楚地认识到它们之间的相互关系，对各环节的相互配合、相互衔接也要引起足够的重视，从而使教学模式成为系统的教学程序。这种多部分、多要素、多环节的有机组合将体育教学整体性充分体现出来，同时也对体育教学模式并非多环节、多要素的简单堆积进行了说明，因此可以说体育教学模式是具有一定科学性的。

（二）优效性

一定的理论基础是建立体育教学模式的基础条件，但同时体育教学模式的构建与完善离不开体育教学实践的不断修正与补充。因此，促进体育教学质量的提高，逐步改进体育教学过程，不断更新与完善体育教学的各个环节，避免教学资源的浪费与缺失，是完善体育教学模式的主要着眼点。从这一角度来说，体育教学模式充分体现出了其显著的优效性特点。

（三）针对性

无论何种体育教学模式，其都是针对体育教学实践过程中的某个具体问题或问题的某一方面而建立起来的，针对体育教学内容、体育教学对象、体育教学环境等不同要素所形成的体育教学模式是很大有区别的。从这一点来看，体育教学模式有其特定的教学目标和使用范围。比如，情境教学模式是针对小学生理解能力较差、体育基础不够，而以体育故事形式把各种简单的体育活动动作组合起来进行教学的，因此，这种教学形式对于中学高年级的学生是不适合的；又如，学生在强制性体育教学中是体验不到快乐的，所以设计了快乐体育教学模式。因此，这种教学模式对于学练一些简单的体育活动动作是较为适合的，而对于体育复杂动作的教学则是不适合的。由此可以看出，普遍有效的全能模式或者最优的模式是不存在的。然而教学模式与目标往往是一对多或多对一的关系，而绝非是一对一的关系。

（四）可操作性

这里的可操作性主要包括两个方面的内容。

一方面，体育教学模式易被教师模仿。究其原因，主要是教学模式不仅是教学理论的操作化，同时还是教学实践的概括化。体育教学活动在时间上的开展以及每一教学步骤的具体做法都需要教学模式提供相应的逻辑结构与思维，也就是所说的操作程序。这样，教师在教学中应该先做什么，再做什么，最后做什么，就非常条理化，操作性较强。

另一方面，体育教学模式的操作程序是处于基本稳定状态的，究其原因，主要是体育教学活动的特殊性、复杂性以及影响体育教学的主要因素不能受到精确控制。

虽然体育教学模式具有较强的针对性，但在不同条件与环境下开展体育教学，其产生的体育教学模式也会表现出一定的差异性，也会因不同的教学指导思想和理论而表现出一定的差异性。但是一旦确立了体育教学模式，就可以代表一定的教学思想和理念，也就表明某一特定条件下的具体操作的稳定性和可模仿性，具有相同的理念和外在条件，便很容易地就被体育教师模仿，这就是体育教学迷失的稳定性特点。需要注意的是，随着时代的变迁，指导思想与外在条件等发生质的变化，要求适当调整和变更体育教学模式，由此可以看出，体育教学模式的稳定性并不是绝对的，而是相对的。

（五）简洁概括性

体育教学模式并非“复写”体育教学活动，而是在能将自己个性充分显示出来的基础上，将教学目标、教学方法、组织形式等开展某一教学活动的不重要因素省去，从理论高度简明系统地将模式自身反映出来。由此可以看出，它是对某一理论的浓缩，对实践的精简，可以表现出一定的简洁性与概括性。一定的体育教学模式能够将特定的体育教学思想充分反映出来，而且在一定程度上简化教学模式的各环节，通过教学程序的方式将其展现出来，因此，充分体现出了体育教学模式显著的简洁概括性特征。

三、体育教学模式的结构

体育教学模式的结构主要包括教学思想、教学目标、操作程序、实现条件以及评价方式等，具体内容如下。

（一）教学思想

伴随着体育课程的发展，体育教学指导思想必然也发生改变，因此各国体育学者对体育教学理论的研究也发生了深刻的转变，体育教学模式的研究正是在这种背景下兴起的。作为体育教学模式的灵魂教学思想是建立体育教学模式所应具备的基本理论与思想基础。也就是说要想建立体育教学模式，就需要有一定的理论知识对其进行相关指导，在不同理论指导下所建立起来的体育教学模式是有所差异的。

（二）教学目标

在体育教学过程中，建立体育教学模式的目的就是更好地实现体育教学目标。如果没有体育教学目标，也就没有体育教学模式存在的必要和价值。体育教学模式所能够达到的教学效果是体育教师对某项教学活动在学生身上将产生的效果所做出的预先估计。体育教学目标是具体化了的体育教学主题的表现，体育教学模式要以教学目标为核心，教学目标能够制约体育教学模式的其他结构要素。

（三）操作程序

教学活动中的教学环节或步骤就是所谓的操作程序。在体育教学活动中，操作程序主要指的是在时间上展开的逻辑步骤以及各逻辑步骤的具体做法等。无论哪种体育教学模式，其操作程序都是独特的，是与其他教学模式所不同的。操作程序并不是一成不变的，但它一定是基本的和相对稳定的。

（四）实现条件

程序的补充说明，并能够使体育教师选择合理的、正确的教学方法和策略。人力条件、物力条件和动力条件三个方面是体育教学模式中实现条件的主要内容，具体就是体育教师与学生、体育教学内容与时空以及学校的基础设施等。

（五）评价方式

不同的体育教学模式所要完成的体育教学目标并不相同，而且所采用的教学程序和条件也存在差异。因此，不同的体育教学模式也具有不同的评价标准和评价方式。每一种教学模式的评价标准和评价方法都是特定的，如果使用统一的标准进行评价，就会使评价不具备科学性，评价结果失去说服力。例如，与标准化评价相比，群体合作教学模式的评价标准是采用计算个人和小组合计总分的评价方式。

四、体育教学模式的功能

（一）简化功能

体育教学活动有着较为显著的特殊性和复杂性的特征，因此，要想取得较为理想的处理这种特殊性和复杂性的效果，除了需要人们的思辨和文字的处理方式外，还需要其他一些简单明了的方式。这样一种方式能够将各系统之间的次序及其作用和相互关系较为清晰地表达出来，这样往往就能够使人们对事物有一个整体的印象。体育教学结构能够反映出各环节各要素的关系。

除此之外，也能够将其组织结构和流程框架反映出来，这种结构的主要特点在于注重原则、原理，而且较为重视行为技能的学习。因此，从客观的角度上来说，体育教学模式有着非常重要的作用和意义，与现代体育教学任务是相符的，具体来说，主要表现在三个方面：第一，对体育知识的学习和体育技术、体育技能的学习与掌握非常重视；第二，对学生的学习目标和教师的设计方案非常重视；第三，在充分反映教学理念的同时，对具体的操作策略也非常重视，由此可以看出，体育教学模式具有较强的可操作性，其结构和机制也较为完整。另外，体育教学模式比抽象的理论更具体、简化，不仅与教学实际更为接近，而且它能够为体育教师提供基本操作框架，使教师可以明确具体的数学程序，因此较容易被教师所理解、选用、操作与认可，受到教师的欢迎。

（二）预测功能

体育教学模式是以体育教学活动中的内在规律与逻辑关系为基础的，因此，它有利于准确地对体育教学进程和结果做出判断，即使不能准确判断，也能对体育教学进程和结果进行合理估计，甚至可以对教学结果假说进行建立。通常以某种教学模式内在与本质的规律及其现象为主要依据，来对该模式进行预测。例如，快乐体育教学模式，这种教学模式既要注重学生在学习过程中的学习体验，也要使学生对运动技能加以掌握，从而为学生的终身教育打下良好的基础。这种模式的预测功能主要体现为两个方面：一方面，如果在教学过程中没有达到预期的教学目标，说明实际与预测存在一定的差距，需要进行合理、正确的调整；另一方面，如果在教学过程中达到了预期的教学目标，说明与事先的预测是相吻合的，证明理论与实践是相统一的。

（三）解释与启发功能

体育教学模式的功能和作用主要表现在通过简洁明了的方法来解释相当复杂的现象。比较常见的一种体育教学模式是发展体能教学模式，这一教学模式的建立给人以整体的框架，其中文字的解释让我们能够理解教学模式，具体来说，发展体能教学模式中所蕴含的理论知识主要在以下三个方面得到体现。

首先，阶段性的体能目标实施与反馈控制理论。

其次，体育教学系统地、长期地发展体能的指导思想。

最后，非智力、非体力因素参与体育活动并促进技能教学的发展理论，具体来说，体能的发展是比较枯燥的，因此，如何激发体能为一项关键性因素。我们需要注意的是，这一关键因素是非智力、非体力的。

除此之外，对整个教学活动来说，具体的某种教学模式的核心环节具有非常重要的作用和意义，其主要在教学目标的制定与教学过程实施的形成性评价中得到一定的体现。具体来说，主要包括以下几个方面。

第一，预先进行体能测验，实施诊断性评价。

第二，以学生的身体条件与身体素质的侧重点为主要依据来对教学单元进行合理的安排。

第三，有针对性地对单元中诸体能目标进行练习，并力争达到目标。

第四，对学习效果进行总结，实施总结性评价。

第五，以评价的结果为主要依据来使矫正措施得以实施。

（四）调节与反馈功能

马克思主义唯物观认为实践是检验真理的唯一标准，因而体育教学模式是否科学也要通过实践的体育教学活动对其进行检验才能得知。体育教学模式是依据具体的教学指导思想、教学条件和教学环境来进行安排的。例如，在实际的运用过程中，如果某一种体育教学模式没有达到预先制定的教学目标，那么就需要具体分析教学模式操作过程中的各个环节与因素，并找出其中的利弊关系，深入地分析其原因并提出相关对策，以使体育教学活动能够更加科学、合理。

第二节　体育教学中典型的教学模式

由于体育教师各具特点，再加上学生的实际情况也有所不同，因此在体育教学过程中所采用的体育教学模式也是千差万别，各有侧重。下面主要分析几种常见体育教学模式的建立背景、指导思想以及存在的优缺点。

一、主动性体育教学模式

（一）建立背景

在现代教育中，学生是整个教学活动的主体，所以主动性体育教学模式能更好地引导学生通过思考、体验来进行交流和合作，从而进一步发展自身的社会技能、社会情感以及创造能力。在体育教学中，要想取得较为理想的教学效果，就必须要有良好的课堂环境和氛围作为保证。因此，主动性体育教学模式在这样的环境和需求下应运而生。

（二）指导思想

主动性体育教学模式的指导思想主要包括以下几个方面。

（1）培养学生的参与能力。只有使学生参与到教学活动中来，才能有机会使学生的主动性得到进一步发展。

（2）培养学生的教学能力。引导学生站在教师的角度去思考问题，有利于提升学生的教学能力和主动性。

（3）培养学生的合作精神。要使学生认识到团队合作的重要性，培养学生的团结合作精神，同时还可创造出理解、尊重、宽容、信任、合作、民主的课堂氛围。

（4）培养学生的创新意识。要想发展就必须进行创新，教师应根据教学实际和学生的具体情况有针对性地培养学生的创新意识和创造能力。

（三）主要优缺点

1. 优点

（1）体育教学中运用主体性体育教学模式能够实事求是地、有针对性地发展学生的主体意识。

（2）有利于提高和发展学生的学习主动性和自我学习能力。

2. 缺点

主动性体育教学模式要求学生有一定的自觉性基础，并且要求学生具有自我设计教学计划、教学方法、教学手段、组织措施的能力，更要求学生的自学能力要强，否则，运用主动性体育教学模式就不会取得理想的效果。

二、小群体体育教学模式

（一）建立背景

这种小群体的学习形式来源于日本的“小集团学习”理论。小群体体育教学模式是指在体育教学中，对学生进行分组，并在教师的指导下，同组学生之间、小集团与小集团之间通过互动、互助、互争，增强学生学习的主动性，从而提高教学效率的一种教学模式。小集团学习法是在其他学科中产生的，到了20世纪50年代开始应用于体育教学中。这种模式在体育教学的运用中，除了取得较为理想的效果外，还进一步促进了体育教学的发展和完善。

（二）指导思想

小群体体育教学模式的主要指导思想是在遵循体育学习机体发展和发挥教育作用规律的基础上，通过体育教学中的集体因素和学生间交流的社会性作用，促进学生交往，提高学生的社会性。此外，在运用这种模式的过程中，还要注意培养学生自主学习的能力，并要适应学生的个体差异表现。因此，小群体教学模式的指导思想具体体现在以下几个方面。

（1）有针对性地培养学生的良好品质。

（2）强调集中注意力，并要求学生相互帮助、团结，以有效地提高组内的竞争力。

（3）通过指导学生相互帮助、合理竞争，从而提高学生的身心健康水平和社会适应能力。

（4）要在条件均等的情况下，使组与组之间的学生合理竞技，从而激发学生学习的兴趣，提高学习的效果。

（三）主要优缺点

1. 优点

（1）小群体教学侧重于培养学生的团结性，有利于充分调动学生学习的积极性和竞争性，也有利于培养和提高学生的社会适应能力。

（2）通过小群体教学，既可以提高组内团队间的合作能力，又可以提高团队与其他团队之间的竞争能力，增强学生的竞争意识。

2. 缺点

由于这种教学模式更注重于培养学生的社会适应能力，这就可能会导致在教学中将在这一方面消耗大量时间，从而使得学生对教学内容的学习时间相对有所减少。

三、选择式体育教学模式

（一）建立背景

在“健康第一”思想和新课程标准的影响下，为了更好地体现以学生为主体的教学观念，现代体育教学模式中出现了选项课。选项课的出现可以使学生在体育学习过程中依据自己的喜好和需要选择适当的项目学习。由于这种教学模式具有较高的可行性和良好的教学效果，近年来在多所学校中已普遍使用，并受到体育教育工作者的高度重视。

（二）指导思想

选择式体育教学模式可以使学生自主选择的优势得到充分体现，自主选择所要学习的内容、学习进度、学习参考资料、学习伙伴、学习难度等，这样才能使学生的兴趣得到有效提高，同时也可以充分调动学生学习的积极性和主动性，从而更好地培养学生的学习能力。

（三）主要优缺点

1. 优点

（1）学生自主选择学习内容，这不仅是学生主体地位的充分体现，而且有利于提高学生的学习兴趣。

（2）通过学生根据自身的兴趣和需求来选择学习内容，能够更好地培养学生的自觉性、学习热情、学习态度、情感体验、克服困难的意志力等，也能提高学生的责任感。

2. 缺点

（1）根据目前相关教学实践来看，选择式体育教学模式虽然对有运动兴趣的学生有积极作用，但对于那些暂时还没有特别兴趣的学生在选择上就会出现盲目性，也就是说，这种教学模式在目前还不适用于全体学生。

（2）由于受技术难度、趣味性、运动量以及考核评价等方面的影响，可能会导致学生功利性地选择运动项目，从而使选择内容不均等，导致不利于教学活动的顺利进行。

四、发现式体育教学模式

（一）建立背景

发现式体育教学模式是指通过体育教师的指导，学生能够独立地研究和发现事实和问题，从而可以更加深刻地掌握相关原理和知识的一种教学模式。这种教学模式主要强调学生的直觉思维、内在的学习动机以及教学过程三个方面。

（二）指导思想

发现式体育教学模式是教师适当地对学生进行引导，让他们运用主观思维进行积极的思考，独立地发现问题、解决问题的教学方式。因此，这种体育教学模式的指导思想就是在体育教学中通过遵循学生的认知规律来考虑教学过程，体现以学生为主体，以学生为中心的思想。指导思想具体包括以下几个方面。

（1）着重增强学生学习的积极性和趣味性。

（2）调动学生思维的主动性，开发学生的智力。

（3）在以学生为主体的前提下，对学生进行指导。

（4）在揭晓答案之前，要让学生自己去探索问题的答案。

（5）设置问题情境，并使学生较为自然地进入教学情境之中，激发学生的学习热情与积极性。

（6）可以提高学生学习运动技能的效率，使学生更加深刻地领悟技能和知识，记忆更加牢靠。

（三）主要优缺点

1. 优点

（1）发现式体育教学模式能调动学生学习的热情和积极性，提高学生的学习效率。

（2）发现式体育教学模式有利于开发学生智力，提高学生智力水平。发现式体育教学模式非常重视学生的智力发展，通过在学习过程中设置情境，激发学生学习的好奇心进而提高其智力水平。

2. 缺点

（1）发现式体育教学模式会在问题的提出、讨论、解决等环节占有大部分的教学时间，从而使运动技能练习与巩固的时间相对减少，因此会对学生学习和掌握运动技能的效果产生一定影响。

（2）发现式体育教学模式还会受不稳定因素的影响，所以从教学模式的评价来看，无法在短时间内对其他教学模式进行比较。

五、领会式体育教学模式

（一）建立背景

领会式体育教学模式是在 20 世纪 80 年代由英国学者提出的。当时，这种教学模式主要运用于改造体育教学的教学过程结构，在应用过程中试图通过从整体开始学习或领会新教程，并且对以往只追求技能，忽略学生对整个运动项目的认知和对运动特点把握的缺陷进行改进和完善，以达到提高体育教学质量的目的。

（二）指导思想

领会式体育教学模式的指导思想主要包括以下几个方面。

（1）这种教学模式强调先尝试，后学习。

（2）要在尝试的过程中了解学习运动技术的重要性，进而提高学生学习的主动性。

（3）强调先进行完整教学，然后再分解教学，在掌握各部分分解动作的基础上完整尝试，从而比较学习前后的效果。

（4）竞赛是开展体育教学活动最主要的组织形式，这有利于提高学生学习的积极性和实用性。

（三）主要优缺点

1. 优点

领会式体育教学模式通过先让学生初步进行体验，体会出学习正确动作的必要性，然后根据学生的实际情况，教师选择合理的教学方法来促使学生产生强烈的学习动作的动机和需要，进而调动学生学习的积极性，提高学习效率。

2. 缺点

在尝试性比赛中，学生因对这项运动缺乏深刻的了解，很可能会使比赛无法顺利进行。在一些尝试性的比赛中，要想避免这种情况的发生，可以通过降低难度和要求，使学生能够慢慢进入活动的角色，从而保证尝试性比赛的顺利进行。

第三节 体育教学模式的改革与发展

一、体育教学模式的改革

目前常见的体育教学模式是有限的，但随着体育教学改革的不断推进和创新，还会有更多的教学模式不断出现，并且在体育教学中得到应用。而关于未来体育教学模式的改革，其改革侧重点与趋势主要表现在以下几个方面。

（一）重视学生的主体性

传统的教学模式对教师的主导作用比较重视，其将教学过程片面地归结于教师的教，而将学生的学忽视掉了，这就使得学生在学习过程中处于被动地位，对学生主观能动性和能力的培养产生了一定的阻碍作用。

随着以学为中心的教学理论的发展，传统意义上的师生关系有了较大程度的变化，他们的地位和作用也有了一定的改变。“教师中心论”逐渐被“教师主导学生主体论”取代。在这种新的教学观的影响下，体育教学也要进行了一定的改变。具体来说，主要改革趋势为：由教师为中心教学向教师主导学生主体的教学模式的转变。教师主导学生主体的教学模式，对于学生创新能力、自学能力、探索能力的培养较为有利，在一定程度上调动起学生学习的能动性和积极性。除此之外，还需要强调的是，这与现代人才的培养理念是相符的，因此，可以将其作为体育教学模式的一个重要改革方向。

（二）注重学生能力的培养

现代社会科学技术发展迅猛，知识增长迅速，终身教育的普及以及竞争压力的不断加大，这些都对人们的能力提出了更高的要求，单一的知识积累已经不能使当今社会的需求得到满足。因此在体育教学过程中，必须在教学模式上进行一定的改进，因为只有这样才能更好地培养学生的运动能力、一般能力、创造能力、自学能力和社交能力。

另外，在普及九年义务教育初期，就已经开始强调要使学生全面发展德智体美劳，而且在越来越多的实践活动中，人们已经能够充分认识到了能力的重要性。在这样的条件下，从强调知识的传授逐渐转向重视能力的培养就成为体育教学模式改革的一个重要方向，这样能够使学生在参与实践活动的同时，对自己有更加全面的认识，从而不断挖掘和培养自身的各项能力。

（三）保留演绎型教学模式

教学模式形成的方法主要有由概括实践经验而成的归纳法和靠逻辑生成

的演绎法两种。从一种思想或理论假设出发设计成的一种教学模式，就是所谓的演绎教学模式。其中，20 世纪 50 年代以后产生的教学模式大都属于这一类型。演绎教学模式是从理论假设开始的，形成于演绎，其对科学理论基础非常重视。演绎教学模式的这一特点不仅为人们自觉地利用科学理论指导提供了一定的可能，还为主动设计和建构一定的教学模式来达到预期的目的奠定了一定的基础。由此可以看出，演绎型的体育教学模式的发展是教学模式发展的一个重要趋势，是与教学理论的发展和研究方向相符的，因此改革中要注意保留演绎型的体育教学模式。

二、体育教学模式的发展

（一）理论研究的精细化

研究体育教学理论，其目的既是更好地指导体育教学实践，也能起到对体育教学实践进行总结的作用。如果没有理论研究，又或者缺乏体育实践，那么整个体育教学就会失去其意义。因此，必须将体育教学的理论研究与实践研究相结合，来加强理论研究的力度与成效。

（1）与其他理论相同的是：体育教学模式的研究必将从对一般教学模式的研究走向学科教学模式的研究，再到课堂教学模式的研究。

（2）对体育课堂教学模式的研究又趋向于精细化，包括学期教学模式、单元教学模式、课时教学模式。精细化是体育教学模式研究的必然趋势。

（二）教学目标的情意化

教学实践研究表明，智力因素和非智力因素对学生的学习活动起着非常重要的作用。现代体育教学模式的不断发展也逐渐对传统教学活动中过于强调智力因素，而忽视非智力因素的作用等状况进行了改善，并取得了良好的效果。现代体育教学模式的目标在使学生增长知识，培养学生能力的同时，更加注重人格教育、品德教育、情感教育与知识教育结合在一起。随着人们对人本主义心理学越来越重视，学生的情感陶冶也开始备受关注，并将情感活动视为心理活动的基础，对学生独立性、情感性和独创性进行了全面的培养。例如，情境式体育教学模式和快乐式教学模式通过问题情境的创设，提高教学过程的新奇与趣味性，使学生的学习兴趣得到有效的激发，从而产生一种强烈的学习动机，这种动机下学习和掌握体育知识能带有很强的情感色彩。

（三）教学形式的综合化

体育教学形式的综合化是指体育教学模式向着课内和课外一体化的发展。由于受到时间的限制，课内的时间不能充分培养和发展学生掌握运动技能与锻炼身体的习惯。这就需要在教学中，安排充足的课外时间进行练习和巩固，而课内的主要任务就是学习新知识，并针对错误的动作进一步去改进。只有这样才能更加熟练地掌握运动技能，实现个体运动技能的自动化。

（四）教学实践的现代化

随着现代教育和科技的快速发展，体育教育在教学手段方面也得到了很大程度的突破，而各种教学实践活动呈现出较为明显的现代化特点，并逐渐实现了对传统体育教学方法的改革和创新。在现代体育教学活动中，先进技术产品和手段的运用也在很大程度上提高了体育教师的授课效率，同时也进一步增强了学生学习的兴趣，调动了他们主动学习的积极性。目前，现代体育教学模式已经开始与现代教学技术手段相融合。由此可以看出，在体育教学模式中引入和运用先进的技术手段是其发展的重要趋势。

（五）评价标准的多元化

体育教学模式的不同，其评价的方式也会有所差异。随着现代教育改革的不断深入，体育教学模式也发生了较为明显的变化。单一的评价方式是很难对某一体育教学模式的科学性做出全面、客观的反映的。这就要求在评价时采用全面的评价方式，所选择的评价指标也必须多元化。

传统的体育教学模式过于重视结果评价，忽视了对学生学习和实践过程中的评价，这就使得学生的学习兴趣、爱好、情感反应等方面都很难得到全面的体现和反馈。而现代的体育教学模式逐渐摆脱了单一的终结评价方式，开始重视学生的学习过程评价、单元评价以及学生的自我评价等。就目前来说，我国体育教学模式呈现出多样化格局。随着时代的发展、教育理念的更新、体育课程功能的多元化，各种体育教学模式的实验也应运而生。一些学者总结的目前比较成熟的几种体育教学模式（传授动作技能、提升身体素质、发展体育能力、发展学生个性等体育教学模式），说明了人们对体育课程的重新认识。可以说体育教学模式改革与发展体现了体育课程观的发展，体现了人们对体育课程发展的追求。

第四节　新型体育教学模式的构建和运用

一、新型体育教学模式的构建

（一）构建原则

1. 坚持教学目标、内容、形式、结构与功能的统一原则

从本质上来讲，新型体育教学模式的建构是处理好体育教学活动中形式与内容、结构与功能的关键问题。所以，体育教师应该对各类体育教学课堂结构和形式的功能与作用进行全面分析，并以教学目标和条件为根据对教学模式做出比较合理的选择。

2. 坚持统一性与多样性的统一原则

（1）体育教学模式构建的统一性是指在构建和创造体育教学模式时，要继承新中国成立以来我国的体育教学思想和成功经验。

（2）新型体育教学模式构建的多样性是指在开发和构建体育教学模式时应尽量实现多样化，避免单一化与程序化的不足。

3. 坚持借鉴与创新的统一原则

体育教学模式要坚持创新与借鉴的统一性。这里所说的借鉴具体是指借鉴两方面的内容，一方面要借鉴国外的先进教学模式理论；另一方面是要借鉴国内的先进教学模式理论与成功教学经验。随着全球化趋势的加强，学校体育教学也必然受到教育全球化的影响，不对国外先进教学模式理论加以借鉴或借鉴之后缺乏创新都是故步自封的落后表现。因此要有机结合创新与借

鉴，这样才能运用成功的经验，吸取失败的教训，不走或少走弯路。具体来说，统一借鉴与创新，就是要以正确的体育教学思想为指导，革新原有的落后的体育教学模式，借鉴前人和他人的成功经验和理论，结合教学中的客观实际，提高体育教学的效率。

（二）构建步骤

概括地讲，新型体育教学模式的构建步骤主要如下。

（1）明确指导思想。选择用什么教学思想作为构建模式的依据，使教学模式更突出主题思想，并具有理论基础。

（2）确定构建模式的目的。在明确指导思想的基础上，确立建构体育教学模式所达到的目的。

（3）寻找典型经验。在完成第一步的基础上，通过调查研究，寻找恰当的典型经验或原型作为教学案例，案例要符合模式构建思想与目的。

（4）抓住基本特征。运用模式方法分析教学案例，对教学案例的基本特征与教学的基本过程进行概括。

（5）确定关键词语。确定表述这一体育教学模式的关键词。

（6）简要定性表述。对这一体育教学模式进行简要的定性表述。

（7）对照模式实施。对照这一体育教学模式具体实践教学，进行实践检验。

（8）总结评价反馈。通过体育教学实践验证，对实践检验的结果进行归纳总结，通过初步实践调整修正模式，并反复实践以不断完善。

二、新型体育教学模式运用的参考依据

新型体育教学模式的选择与运用主要把握以下几个参考依据。

（一）参考体育教材性质

体育教学以教材为基本工具，体育教师教学、学生学习都要借助教材这一基本教学工具。体育教材也是体育教师与学生共同完成体育教学目标的内容载体。通常把体育教材分为概括性教材与分析性教材两大类，这主要是以体育教材内容的性质为依据划分的，具体分析如下。

（1）概括性教材：这一类教材中没有较难学习的运动技术需要学生掌握，对概括性教材进行讲解的主要目的是使学生对体育项目有简单的了解、培养学生体育学习的兴趣、促进学生的身心健康。学生在学习该类教材时主要是注重体验乐趣，获取快乐，所以要选择运用快乐式教学模式、情境式教学模式以及成功教学模式进行教学。

（2）分析性教材：这类教材中的运动技术具有一定的难度，对这类教材进行讲解的主要目的是提高学生的自主学习能力与创新能力，促进学生体育知识与技能的增长，学生在学习该类教材时注重培养学习兴趣与创造力，所以要运用主动性体育教学模式、发现式教学模式以及领会式体育教学模式等模式进行有关教学。

（二）参考体育教学目标

体育教学模式构建与运用的关键是教学目标，体育教学模式需要体育教学思想与目标为其提供活力、指明方向。体育教学思想与目标也是区分教学模式的一个标准。体育教学目标在新课程改革之后有所变化，主要涵盖了四个方面：①提高学生运动参与能力与积极性的目标。②促进学生身心健康的目标。③促进学生正确掌握运动技能的目标。④提高学生社会适应能力的目标。上述体育教学目标要求在体育教学中采用情境体育教学模式、探究体育教学模式以及成功式教学模式等。

（三）参考体育教学对象

体育教学活动离不开学生这一教学主体，体育教学活动中，学生也是非常重要的一个组成部分，所以要针对不同学生的具体情况与特点来对教学模式进行运用。学生的学习阶段按年龄大致可以分为小学、中学、大学三个时期。不同学习时期，学生的身体与心理情况是有明显不同的，所以体育教学模式的运用要考虑到不同学习阶段的学生的具体情况，具体如下。

（1）学生在小学时期，其身心特点具有游戏性，因此适合这一时期的体育教学模式有快乐式教学模式与游戏体育教学模式。

（2）学生在中学时期，对不同种类的体育运动项目比较热衷，而且也具备了相应的思维与逻辑分析能力，因此适合这一时期的体育教学模式有小群体体育教学模式及探究式体育教学模式。

（3）学生在大学时期，主要是接受专项体育运动教学训练，因此适合这一时期的体育教学模式有技能性体育教学模式，同时也要发挥体能性体育教学模式的辅助作用。

（四）参考体育教学条件

不同地区，其相应的教学条件也会有差异。不同地区或学校的体育教学条件具有明显的复杂性与差异性。以城市和农村地区为例，两个地区的经济水平差距很大，因此体育教学场所、设施与器材也有差距。针对这一情况，体育教师要实事求是，从实际出发，选用恰当的体育教学模式来完成教学目标与任务。农村学校的教学水平与条件有限，因此不宜采用要求外部教学条件良好的小群体教学模式。

三、两种新型体育教学模式的构建与运用

（一）启发式体育教学模式的构建与运用

启发式体育教学模式指的是在体育教学活动中，教师以体育教学目标、教学规律以及学生的认知水平和年龄特点为主要依据，通过采取各种教学手段来引导学生独立思考、积极主动地获取知识、解决教学中出现的问题的过程。教学中出现的问题、提高体育教学的质量以及促进学生体育学习积极性的发展是体育教学模式的实质。

1. 启发式体育教学模式的构建

（1）对问题情境进行创设

体育教师在对问题情境进行创设时，要具体以体育教材的重点和学生的客观实际为依据。在创设问题情境的过程中，体育教师不仅要解决学生在学习中出现的问题，更要采取一定的方法与措施来引起学生的好奇心，使其主动提出疑惑，并积极思考解决疑惑，这样有利于学生学习热情的充分调动，有利于提高学生的逻辑思考与客观分析及解决问题的能力。

（2）采用直观教学手段

体育教师在对学生进行启发的过程中，要尽量采用直观的教学方法手段，

减少抽象概念的使用。直观手段具体是指对多媒体、录像、图片等直观教具的使用，直观教学方法有利于学生学习兴趣的激发与提高，有利于学生以最为简单的方式清晰地掌握学习内容。

（3）采用多样化的练习手段

体育教师在引导学生进行练习的过程中，要以体育教学任务、目的和要求为主要依据，并要擅于采取一些有助于启发教学的练习方式作为辅助学习的手段。除此之外，体育教师还可以以教材内容为依据对多样化的练习手段加以运用，以此来促进学生学习兴趣的提高，同时也能够提高学生的学习效果。

2. 启发式教学模式在体育教学中运用的注意事项

（1）对教材重点与难点有所明确

体育教材重点是学生要掌握的关键内容，教材难点是学生不容易掌握的教材内容。教师运用启发式教学模式进行教学时要以教材重点为中心，通过口头叙述、动作示范等各种教学方式来引起学生对教材重点内容的思考。体育教师也可以针对重点动作做一些生动、逼真的模仿，这样学生也能比较容易地掌握教学内容。除此之外，教师也要把学生的身心特点、认知能力和学习基础重视起来，遵循因材施教的教学原则，使每个学生的学习效率都能得到相关保障。

（2）对多元评价体系进行科学构建

评价学生的学习过程或结果主要是为了总结学生的学习效果，对学生学习体育起到一种督促与激励的效果。合理的评价有利于提高学生学习的积极性和主动性。评价的实施步骤具体为：评价标准的确定—评价情境的创设—评价手段的选用—评价结果的利用。评价讲究合理，不要求过于死板地对标准答案有严格的限制，根据具体情况保留一定的评价空间。教师在对学生的学习技能做出评价的同时，也要引导学生进行自我评价或学生之间的互相评价。

（二）合作式体育教学模式的构建与运用

在体育教学活动中，合作教学模式的运用有利于学生合作意识与能力的提高，有利于学生交往、实践及协调能力的增强，也有利于学生个性发展和终身体育意识的形成。

1. 合作体育教学模式的构建

（1）构建程序

首先，要以体育教学大纲规定的教学时间与教学内容为主要依据，对上课时间进行合理的分配与安排。通常，在体育教学活动中，体育理论知识教学占总教学时间的 25%；学生体育能力培养占总教学时间的 30%；体育技战术教学占总教学时间的 40%。

其次，体育课堂教学之前教师要做好课堂教学计划，即教案。制订教学计划时教师要加强与学生的合作，与学生一起探讨教学方法的选用情况。

（2）具体实施

①明确教学目标。体育教学过程的第一环节就是要明确并呈现教学目标，在这一环节中，体育教师的口头讲解与动作示范要有机结合学生的观察体验与思考，加强师生之间的沟通与交流。

②对学生进行集体讲授。对学生进行集体授课时，体育教师要适当缩短授课时间，提高教学效率，从而留出更多的时间为下一环节（小组合作）做准备，教师要注意提高学生的学习积极性，擅于运用一些新颖的教学方式。

③加强小组合作学习。学生的学习主体性以及学生之间的沟通与交流是小组合作环节的重点，学生要在小组合作学习中积极发表自己的意见，提高自己的主动性、积极性以及创新性。

④实施阶段测验。体育教师在学生学习一个阶段后，对各个学习小组进行阶段测验，从而对学生在这一阶段的学习情况与效果有一个初步了解。

⑤积极反馈。在反馈阶段，体育教师要综合评价学生的具体表现。学生在小组合作学习中获取的知识比较零散，系统性很差，所以教师要正确引导学生归纳所学知识，使之成为一个系统的知识体系，便于学生进行掌握与记忆。小组测试也是反馈的一个重要手段，通过测试反映出学生学习的不足，从而有针对性地对其进行纠正与完善。

2. 合作教学模式在体育教学中运用的注意事项

（1）更新教学观念

合作教学模式在体育教学活动中的运用要求对传统的体育教学观念进行更新，对学生的重要性进行重新认识，重视学生的主体地位，引导学生充分发挥自身的主观能动性，尊重学生的人格，教师在教学中加强与学生的合作交流，以学生的具体情况为依据进行教学。

（2）注重学生主体意识的培养

首先，体育教师在体育教学活动中要想方设法来激发学生的思维与学习热情，然后引导学生积极发现与探索新问题、新情况，在引导过程中，注重学生自主意识和独立能力的培养。

其次，教师要注重自身的引导作用，通过提问、质疑等手段，引导学生把注意力集中到课堂教学中。

最后，教师主导性的发挥要以实现体育教学目标为出发点，倘若没有从教学目标出发，就谈不上学生对主体性的培养。

第七章　高校体育教学设计改革

第一节　体育教学设计的基本理论

对体育教学设计的要素内容及撰写规范进行归纳和分析，得出体育教学设计包括指导思想、教材分析、学情分析、教学流程、场地器材、安全防范和课时计划 7 个要素，并对每个要素的撰写要求进行分析。

体育教学设计是体育教学工作的重要内容。高效的体育教学必然要求高质量的教学设计。但从当前的研究来看，一线体育教师的教学设计存在着一些明显问题，如基本要素不全、随意增减内容、撰写不规范、分析不深入、缺乏针对性等，反映了一线体育教师理论水平不高、教学设计能力不足的问题。本节在参考同类研究的基础上，将深入分析体育教学设计的基本要素及各要素的撰写规范，以期为体育教师撰写规范的教学设计提供参考。

一、体育教学设计的概念

体育教学设计是指为了达成一节体育课预期的教学目标，运用系统观点和方法，遵循教学过程的基本规律，对教学活动进行系统规划的过程。体育教学设计直接指向的是课堂，是对体育课堂教学的整体构思与具体规划，体育教学设计与教学计划是具体落实与宏观规划关系，与课时计划是上下位概念的关系。体育教学设计涉及从内容选择到方法的选用、从学情分析到练习方式的安排、从场地布局到教学流程等一系列内容，实际上是要通过分析阐明教什么、为什么教、如何教等一系列教学基本问题。

二、体育教学设计的基本要素

长期以来，我们对教学设计概念的认知不清，许多“新理论”不断涌现出来，令人应接不暇，直接导致了一线教师教学设计模式层出不穷、参差不齐，甚至在全国性的比赛中都存在此类问题。但经过这些年的深入研究，体育教学设计的基本要素基本固定下来，一般认为体育教学设计包括指导思想、教材分析、学情分析、教学流程、场地器材、安全防范和课时计划共7个要素。其中，前6个要素是从总体上对体育课进行构思与分析的，通常以文字形式呈现，课时计划则是教学设计最核心的部分，是课堂教学实践的直接依据，一般以表格式形式呈现出来。

三、体育教学设计的基本要素分析

（一）指导思想

指导思想看起来虚无缥缈，与教学实际并没有密切的关系，但它却起着导航的作用，是开展体育教学活动的方向和依据。指导思想一般都会陈列在体育教学设计的首位。其撰写要求为：站位高，引领强，有针对性。指导思想可分为宏观、中观和微观三个层次，如立德树人、全面发展等属于宏观层次的提法；课程标准、课程目标等属于中观层次的提法；运用有球练习提高学生的足球球感、运用丰富多彩的教学手段促进学生蹲踞式跳远技术的提高等属于微观层次的提法。

（二）教材分析

教材更是教学的载体，离开了教材，教学就无从谈起。新课改要求将教教材改为用教材教，即要树立教材是为学生发展服务的理念。体育教学设计中的教材一般是指狭义的教材，即教学内容。教材分析要在全面了解所选教材的前提下，深入分析其具有特点、功能、技术要领、重难点、教学方法以及一些关联性因素。务必要阐述清楚体育教学教的具体内容是什么、教的目的是什么、教的方法和手段是什么，等等。凡是不对教材进行深入分析就开展教学的便是随意教学、盲目教学，为学生发展服务更是无从谈起。因此，在撰写教材分析的时候要写全、写实、写透。

（三）学情分析

学生是课堂的中心，教学活动的出发点和落脚点都是学生。只有准确了解了学生的情况，才能选择合适的教学内容，制定合理的教学目标，采取合理的教学方法和组织形式。学情分析包括学、情和析三个方面的内容，学是指学生的人口学情况，如人数、性别、健康程度等；情是指学生学习的情况，包括课堂内和课堂外的情况；析是指分析，在把握学和情的基础上进行深入分析。换句话说，对学生基本情况的描述是必不可少的，但不能仅仅停留在阐述学生的年龄、性别、生理与心理特点、兴趣、爱好等方面，还应对与本节课密切关联的学生体能基础、技术基础、学法基础、锻炼习惯、学习态度等进行客观分析，从而实现描述和分析两个层面的叠加效应。

（四）教学流程

教学流程顾名思义是指教学环节的流程，主要是指教与学成分环节的活动程序，通常是主教材的教学步骤。而教学流程最容易被误认为是课的流程，其主要原因在于对“教学”的概念把握不准。一节课中并不是所有的环节都属于教学环节，如课堂小结、放松活动、体能练习等就不具有教学性质，不能成为教学流程的内容。对于教学流程而言，只要在教学流程要素下讲明主教材教学的各环节安排及相互关系，就已经达到了最基本的要求。

（五）场地器材

场地器材是开展体育教学的物质保障，同时也是安全隐患的集中区。场地器材的基本要求为安全系数高、面积（数量）充足和布置合理。安全系数高主要是指场地器材结构牢固，无明显湿滑情况，不能出现因场地器材安全性不过关导致的安全事故，如学生使用本已经断裂的单杠时摔伤、准备活动慢跑时踩到水摔倒等。面积（数量）充足是指在实际条件允许的情况下，尽量给学生增加练习面积和设备，提高练习密度，巩固技术效果，如在前滚翻练习时增加垫子数量、增加学生练习的次数。布置合理是指场地器材的布置要充分考虑教学内容、教学方法、学生特点以及教学环境等方面的要求，要让场地器材更好地为教学服务，为学生的发展更好地服务。

（六）安全防范

安全防范是体育教学设计的重要内容。安全防范针对的是体育活动存在的一定概率的身体伤害隐患。良好的安全防范措施可以大幅度降低学生受到运动伤害的概率，同时也可以在体育伤害事故发生后教师被认定为主要责任人的现实情况下最大限度地保护教师权益。在撰写安全防范时，要从教材到教学、从场地器材到组织、从生理到心理等多角度分析安全事故发生的可能性，并根据安全隐患的类型采取针对性、操作性加强防范措施，要真正做到防患于未然，从“安全防范很重要”走向“安全防范很到位”。

（七）课时计划

课时计划亦称教案，是教学设计的核心内容，是课堂教学实践最直接的依据。完整的课时计划应包括教学内容、教学目标、重难点、课的内容、师生活动、组织形式与要求、时间次数强度、练习密度、负荷预计、课后反思等内容。在撰写每一部分时，都需要做到明确、具体、科学、实际。不要出现“进一步提高学生蹲踞式跳远的技术”“初步掌握篮球肩上投篮动作”“通过本课学习，学生排球技术大幅度提高”等模糊表述，让课时计划真正回归其教学依据本质。

四、体育教学设计基本要素的应用性

体育教学设计的基本要素包括教学内容、教学对象、教学目标、教学过程、教学评价等，体育教学设计的基本要素既相互联系又相互制约。体育教学设计就是要根据教学目标、教学要求、教学过程、教学环节、教学评价等要素设计教学。在体育教学中，教学的整个过程都是依据教学设计来完成的。现结合初中七年级《蹲踞式跳远》教材案例的应用要求，提出相应建议。通过这种应用性的研究使体育教学设计更加成熟，以达到进一步提高体育教学水平的目标。

（一）以学生为主体设计好教学内容要素

教学内容是教学的根本依据，是设计教学目标和教学过程等要素的依据。教学设计是对教学内容和教学过程的教学安排计划，是对教学过程整体的安排和实施方案。教学内容是体育教学设计主要因素，要保证体育课堂教学的有效性，就要设计好教学内容要素。我国的体育教学有统一的教学大纲和课程要求，教学内容也有明确的规定，但由于教学对象的不同、学生的个体差异等因素，在教学中对教学内容的安排和设计也有很大的差别。对教学内容要素的设计要根据不同的教学对象，遵循学生为主体的教学原则，体现学生在教学中的主体地位。在教学过程中，它所起到的是方向性作用，为教师制定教学设计提供依据。但多年来，体育教学很少去设计教学内容这个基本要素，总认为教学就是依据规定的教学内容去设计和安排教学，课堂教学环节和教学过程等体育元素才是教学设计最重要的要素。在 2022 年教育部颁发的《义务教育体育与健康课程标准（2022 版）》强调了体育教学设计要素的重要性，指出体育教学设计要素：①始终以保持学生的身体和心理健康为教学目标；②教学过程应当有利于培养学生锻炼身体的兴趣和正确的身体锻炼方法；③课程要以学生为主体，注意激发他们个人的创造性。

体育教学内容设计要素是进行教学的依据，但并不是一成不变的，同一个教学内容应该根据不同的教学对象而有所变化，要体现以学生为中心的教学原则，教学对象是教学内容设计要素的主要出发点，根据教学内容的不同要制定不同的教学设计，对教学过程的安排既要从学生的学习实际出发，还要根据教学内容去设计体育教学元素。在《蹲踞式跳远》的教学设计中，作为教师，我们一定要在教育部颁布的《义务教育体育与健康课程标准（2022 版）》的指导下，以教学的实际情况确立多层次的教学指导思想：在教学目的上，我们应当以《义务教育体育与健康课程标准（2022 版）》为参考依据，始终坚持把学生的身体健康放在第一位，将学生的实际身体状况与教学目标相结合，制定出符合实际的教学设计；从学生的发展上，要遵守《义务教育体育与健康课程标准（2022 版）》的指导思想，在制定教学设计时突出学生的主体地位，增加学生主动练习的环节，充分激发学生的兴趣和积极性，从而培养出学生体育学习的兴趣和主动获得知识的能力。

结合以上概念解析和案例应用，我们可以得出以下结论：首先要依据新教育理论，再结合我们体育课堂中实践和贯彻终身体育的总体要求，从“健康角度”和“学生发展”出发，履行新《义务教育体育与健康课程标准（2022版）》要求的体育教学观，紧跟时代的节拍，以学生为中心，注重开发学生的主体性和创造性。

教学内容是其他教学设计要素的依据。教学对象的学情是教学设计的前提。教学内容和教学对象是制定体育设计的指导思想和出发点。学情分析主要包括对学生的起点状态分析以及潜在状态分析两部分。学生的起点状态分析主要包括三个方面：知识维度（学生已掌握的知识基础）、技能维度（学生现有的学习能力）、素质维度（学生的学习习惯、学习态度和个人的意志品质）。学生的潜在状态分析主要是指学生将来有可能发生的状况以及趋势的分析，主要是在现有的基础上分析学生能够在知识与技能、过程和方法、情感态度价值观等达到怎样的高度。

具体到蹲踞式跳远教学设计当中，教师可以在多个方面都进行充分的学情分析。首先在学生的身体特征方面，七年级的学生在身体上正处于急剧变化的时期，身体的外形以及各个系统器官都处于快速发展当中，学生的身体具有极强的可塑造性，体育运动和锻炼对学生身体的发展具有极大的促进作用。其次在学生的心理特征方面，按照埃里克森的心理发展八阶段论阐述，七年级的学生正处于角色的自我统一时期，在模仿、观察、逻辑分析、可逆运算等方面都有很大的提高，他们接受知识和模仿技能的能力增强，很适合教授他们一些基本的体育运动知识和技能。但七年级的学生正处于青春期，会产生一些心理问题，主要表现在自我意识高涨与反抗心理。

结合以上概念解析和案例应用，我们可以得出以下结论：学情分析应该作为体育教学的前提，细致的学情分析是体育教学设计的重要保障。学情分析是动态的过程，既要重视课前备课时的学情分析，也要在课堂中对学生情绪变化做临时性的现场问诊，做出自己的判断，甚至课后对学情的反思也不能“过而了之”，应重视经验的总结和提炼。

(二)以教材分析为基础，把握好体育教学设计的关键因素

体育教学的关键性因素是教学目标与教学过程因素。教学目标主导了教学的方向，教学过程决定了教学环节的安排。这些要素的设计在体育教学中是关键因素，也是教学设计因素的重点和难点。而要设计好关键要素，教师就要理解和把握好教材，对教材内容进行分析和处理。教材分析指的是在教师进行教学之前，首先通过个人或者团体对教材进行充分研修，把握教材的理念框架及系统性，理解每一节课教材中的各个知识点，对教材设计的思路进行整理并加以剖析，再针对体育课堂中应当展现的教学内容进行系统性、全方位的设计，教师的课堂教学设计是进行体育教学的首要环节，也是教学实践能否取得实效的关键性因素。

以《义务教育体育与健康课程标准（2022 版）》为参考依据，教师可以从这样几个角度去分析《蹲踞式跳远》的相关教材。在整个教学内容的地位上，蹲踞式跳远可以说是基础教育阶段体育教学的一项基本教学内容，它在锻炼学生的腰部力量、腿部力量、身体平衡性、身体柔韧性等方面都起着巨大的作用。通过多种形式的练习，还能使下肢肌肉富有弹性，可以培养学生积极进取的优良品质和获取成功的良好心态。

结合以上概念解析和案例应用，我们可以得出以下结论：在体育教学中，充分且全面的教材分析是整个体育教学设计的关键所在。分析教材时，首先要认真研读教材内容，再结合“教材定性”和“教学形式”，分析教材中的问题线索、教学逻辑、活动指向、目的关联等，教师需要依靠问题线索逐步探讨，才能让问题在课堂上得以解决。

1. 以分析教材为基础，设计好教学目标要素

教学目标是指教学活动预期要实现的结果，是教育目标和课程目标的具体化，也是教师完成课堂教学任务所要达到的要求及标准。教学目标相比课程目标更具体，是课程目标在具体的课堂教学过程中的体现。在体育课堂教学中，教师应当依照课程目标和具体的教学内容来制定详细的教学目标，以便选择教学内容和确定教学目标。

在《蹲踞式跳远》教学设计中，教师根据对教材和学情的分析，可以对

七年级学生制定具体的教学目标，主要是让学生习得蹲踞式跳远的技能，掌握蹲踞式跳远的技术特点，使学生对蹲踞式跳远有一个理论上的认识，以正确的动作完成蹲踞式跳远。通过练习蹲踞式跳远，能够提高学生的肌肉系统、关节系统的平衡能力以及身体协调能力，提高学生的体质。通过蹲踞式跳远的练习，来树立学生的自尊、自信，培养学生勇敢、坚毅和果断的意志品质。教师要采用讲解法、示范法、练习法等多种教学方法相结合的途径进行系统化的教学。

在教学中，对于同一教材，我们制定什么样的教学目标就决定了使用什么样的教学方法，目标设立的不同或者方法采用的不同，都有可能导致课堂效果的不同。

2. 以重点难点为标尺，设计好教学过程

教学重点是根据教学目标，在对教材进行科学分析的基础上而确定的最基本、最核心的教学内容，一般是各个学科所阐述的最重要的原理和规律，是学科思想或学科特色的集中体现。教学难点是指学生通过学习仍然不能轻易掌握的知识和技能。重点和难点是两个概念，两者有时会有交叉，有时又完全不一样。

具体到《蹲踞式跳远》教学设计当中，教师可以根据教材以及学生的特点，设计出当堂课的重点和难点。其中教学重点主要就是上板积极、起跳充分、摆臂、蹬腿迅速、腾空高、踞平稳、小腿前伸缓冲、落地稳。从教学难点上分析，是起跳、助跑、腾空和落地的衔接，把重点难点做如此清晰的界定的主要原因，是由蹲踞式跳远的过程要领决定的，而掌握蹲踞式跳远这一整个过程则是这一堂课的重要教学目标。

结合以上概念解析和案例应用，我们可以得出以下结论：教学重难点是教学设计中的重要因素，是学生掌握教学内容的重要标尺。分析重点难点时，首先要从教材的基本性质出发，了解该教材的编写特点，然后再结合“学生的运动能力”和“技术的难易程度”，确立体育课堂中教材的重点难点。

（三）以教学流程为平台，把握体育教学设计因素的应用

教学设计因素是相互区别又相互联系的设计要素，体育教学设计要素作为教学要素又是相互联系的有机整体。设计是为了应用。应用好教学设计要

素是教学效果的基本保证。教学流程实际上就是教学过程，教学流程主要包括导入环节、讲授环节、练习环节和巩固环节。

具体到《蹲踞式跳远》，在教学设计中教师可以将教学过程设计成四个环节：导入环节，在课堂开始之前，教师可以让学生观看一些蹲踞式跳远的视频以及图片，让学生对蹲踞式跳远有一个最初的直观认识，激发学生的兴趣。讲授环节，教师主要是向学生讲授蹲踞式跳远的基本动作要领，通过亲身示范，直观地展示蹲踞式跳远的过程，让学生习得蹲踞式跳远的动作要领。练习环节，为了增加练习环节的趣味性，避免练习的枯燥，教师可以让学生做一些与蹲踞式跳远有关的小游戏，例如顶球游戏，教师可以将球置于高处，让学生在慢跑中用头顶球，这样可以练习学生的起跳和摆臂的动作。总结环节，教师在练习过后对学生的练习情况进行总结，指出其优缺点，以此来巩固练习效果。

结合以上概念解析和案例应用，我们可以得出以下结论：教学流程关系着教学的实际操作，是教学设计中最为核心的环节。设计教学流程时，首先要准确地理解与把握好教材，再结合教材的“关系比重”和“教学重难点”，相应地进行合理的认定和安排。在教学中，教师对教材本身的理解越深刻，对教学内容的使用就会更趋于合理化。教学形式在教学重难点和教学目标等方面加大分析力度，流程的设计就会更具有逻辑性和层次性，明确这一点能让教学流程层次清楚、简明扼要、一目了然，教学效果也将事半功倍。

通过前面几个基本要素的分析与铺垫，最后再制定出具体的体育课教案，体育课教案应该是指导思想、教材分析、学情分析、目标方法、重点难点和教学流程等最终的表现形式，这些基本要素的分析与归纳统称为体育教学设计。体育教学设计是体育教学重要的组成部分，其重要意义在于教师通过体育教学设计的制定，提高体育课的课堂教学效率，激发学生锻炼身体的热情和信心。

第二节　体育教学设计的改革与发展

一、青少年体育运动技能教学情境设计

体育教学的发展一直以来都不够重视对运动技能的学习，全民体育也只是在于增强人的体质而发展提倡的，一说到运动技能，大家都会想到说那是专业运动员的事，但事实上运动技能的学习对每个人都很重要。随着全民体育的发展,学校体育、青少年体质健康问题慢慢引起社会的广泛关注。2015年，国家体育总局发布的《中国青少年体育发展报告》中关于青少年体质数据的统计首次把青少年体质问题推向高潮。2016 年是“十三五”规划开局之年，以青少年体育规划与布局为主题，围绕已经颁布或即将颁布的青少年体育政策法规和发展规划，提出个人全面发展和终身体育发展的要求。因此，在体育教学中应加强对运动技能的学习，只有科学地掌握运动的技能才能从根本上提高学生的身体素质，不仅如此，运动技能的学习还可以提高学生对运动的兴趣爱好，激发学生对运动的热情。

（一）对青少年体育运动技能学习的认识

随着我国经济文化不断发展，人类的生活方式发生了重大变化，人们对自身的追求也逐渐转向自身的健康，对健康有了更高的要求，同时对青少年的健康要求也越来越高。发挥家庭、学校、社区三位一体的联动机制，能够丰富家庭社区的体育文化，能够构成社区和学校体育资源共享。因此，若要想使青少年达到体育锻炼的目的，必须培养青少年终身体育的意识。

针对开放式运动技能研究的新进展，运动技能的教学分为开放式和闭锁式，开放式运动技能灵活性强，主体与情境的交互作用占主导位置；闭锁式运动技能则是预先的技术动作，灵活性差，教学方式单一，相对来说开放式教学更有难度，但更科学合理。开放式运动技能研究意义重大，在学校体育方面，关系到学生的运动兴趣和运动技能提高的教学目标。

运动技能教学情境设计的必要性。实践证明，生动有趣的教学情境可以有效地激发出学生的学习兴趣，促进师生互动，从而激发学生主动、积极的学习态度，让学生更好地掌握学习技能。那么，在短网运动技能教学过程中，如何设计出符合学生身心发展的情境，成为当前从事体育教师及教育工作者的一大难题。因此，本研究通过对体育这一运动项目特点的把握，根据开放式运动的技能原理，合理有效地创设出适宜的运动技能教学情境，旨在为广大体育教师指导短网教学提供方向，并为体育在我国的发展和普及提供相关实践经验和理论基础。

（二）影响青少年体育运动技能学习各阶段的因素

第一，运动技能学习前期。运动技能教学的思维认知和内隐性知识的转化对于学生来说难度较大，尤其是内隐性知识转化为外显性知识，这是需要一个教学手段的强化过程。通过创设教学环境，使其知识学习外显特征慢慢显现出来，囊括了学生对整体教学情境的认知以及基本技术的内化。因此，在这个阶段的主要学习影响因素包括教师的动作示范能力、将本体感知内隐性知识化为外化的教学内容组织能力、语言表达能力、学生对知识的理解、加工记忆的认知策略、技术动作模仿水平以及相关类似运动经验所导致的学习迁移。

第二，在运动技能学习中期，技能学习中的联结得到进一步的强化。从学习过程讲，主体学习出于本体决策和本体应答行为学习阶段，需要进行瞬时合理的技术选择，以及做出合理的动作技术。其中本体决策知识教学仍然属于将内隐性知识外化的过程，需要学生掌握不同情境下的教学内容和战术知识。而本体应答行为学习内容是结合情境下的基本技术学习。因此，在这个阶段的主要影响因素有基本技术的熟练程度、结合情境下的不同战术要求的决策教学内容安排以及学生的身体运动能力。

第三，运动技能学习后期，学习过程主要是对本体感知、环境外显特征、本体决策和本体应答行为学习效果的综合体现。这个阶段的主要影响因素是学生的技术熟练程度、战术掌握水平、身体素质、视觉和听觉的感知能力。

（三）青少年体育运动技能教学情境设计的路径

通过简化体育运动项目的规则，以体育游戏和比赛为中心，培养学生在各种体育运动比赛中分析问题和解决问题的能力。领会教学法经过多年的探索实践和不断的改进，目前已日趋完善起来。现根据体育领会教学法的教学模式结合开放式运动技能学习原理，将体育运动技能情境化教学设计流程分成六大部分：项目导入；比赛导入；战术意识的培养；预判能力的培养；运动技能执行；动作表现。

1. 体育项目导入

体育教学中运动项目的导入既是开始，也是关键。一个运动项目导入的方式方法不同，将会直接影响到学生学习的效果和教学质量。因而，在这一初始环节，教师要首先就把握教学环境空间和单位时间，空间上表现在学生学习的环境，对体育的认识程度，对该运动的兴趣性，以及年龄、性别、身体素质等主观因素。时间上表现为在教学中如何安排进行对该项目的初步认识，如何使其获取更直接的感知经验，且在相同的空间范围内实现各个方面因素的协调。例如，通过短网运动技能教学情境的导入，将项目的特点各概念也穿插在其中，让体育运动的情境和问题能够直观地加以呈现，创造宽松有趣的学习环境，并引导学生积极、主动地思考自己与情境之间的关系，让学生来预判自己在可能的比赛状态中的角色，并主动地探索与分析自己可能遇到的问题，为下一环节做准备。

2. 体育运动比赛导入

在比赛讲述中也应该反复强化该项目的基本技术要领，导入比赛应该坚持循序渐进的原则，通过详细讲解和解答学生的疑问，能够让学生在获取亲身运动体验的同时进一步巩固该项目的基本技巧和要求，同时结合比赛的规则，适当加强学生战术意识的培养，提高学生的灵敏素质，遵循比赛规则，有条不紊地巩固运动技能的学习。在这一环节，体育教师为了有效地激发学生的学习兴趣，让学生尽可能积极主动地参与到教学活动中来，可以采用主动设疑或者是设问式集体互动以及合作探讨的方式来进行，为下一环节做好准备。

3. 战术意识的培养

依据开放式运动技能的学习过程原理，学生的体育战术意识的培养应贯穿教学的始终，只有这样才能激发学生学习的斗志和情绪，使学生能够在体验体育运动的同时获取比赛的归属感和认同感。设置教学情境在体育运动技能教学中，战术意识培养作为教学实践应用的第三环节。在这一环节，任课教师可以在体育游戏或者是体育比赛进行了一小段时间之后稍加强调，通过学生感官意识主动寻求战术战略以争取赛场主动性，如有疑问，可以展开小组讨论和交流，通过发表各自的意见来一起去思考和解决各种疑问，从而在帮助学生了解和体会基本的体育战术的同时，实现对学生体育战术意识的引入和塑造。

4. 预判能力的培养

体育运动中青少年学生的预判能力是争取赛场主动的关键环节，也是学生灵敏素质的一种表现。学生对体育运动基本战术有了基本认识和体验之后，体育教师就可以组织学生进入预判能力的培养环节。在预判能力培养环节的导入也是基于前面几个环节的，在此基础上实现体育游戏与体育比赛共融互通，即为以游戏丰盈比赛，以比赛促进锻炼，以实战来感染情绪，以情感认知获取预判意识，以预判能力应对复杂的赛场环境。那么，在这一环节针对两个关键问题：一方面“做之前的判断”，在瞬息多变的体育运动比赛或游戏中，学生要能够筛选各种复杂信息，通过运动经验的丰富和习惯赛场环境气氛，形成直接的感官意识和行为习惯，对赛场信息进行有效合理的预判，使学生短网运动更为协调持久；另一方面是“判断之后的行动”，要选择能够实现最佳效果的动作技能，也就是需要决定如何来做的行为过程。

5. 体育运动技能的执行

运动技能执行这一环节考查学生的赛场执行应对能力，也是预判能力的继续。行为执行力是在原有感知经验的基础上，配合战术意识使用的体育运动技能技巧，也是配合体育运动比赛中的战略战术实现的目标前提。例如：学生运动技能行为执行不当，战术配合就失去了原有的效果，之后再通过反复练习，总结经验，再练习再总结，在游戏中纠正，在比赛中锻炼。以使学生的运动技能执行能力逐渐趋于成熟，为下一环节的导入奠定了基础。通过在运动技能执行阶段来掌握动作技巧，是提高学习效果的重要途径。

6. 体育运动动作的表现

动作表现是教学情境引入的最后环节，通过动作表现能够反映学生运动技能的学习程度，这也是在完成运动技能执行阶段之后设置这一环节的原因。学生就应借助反复的练习和比赛来实现所学习的体育动作技能和战术观念的实践运用，并以此来提升自己在体育运动中的技能。体育教师在动作表现阶段主要扮演的是纠正者或反馈者的角色，在整个教学环节中教师应引导学生进行正确的运动技巧、方式、方法，通过语言和肢体感官信号刺激，使学生能够快速领悟到运动的奥妙之处，进一步加深学生对短网运动项目的认知和情感，这将会直接反馈在学生自身的动作表现当中。

二、体育教学改革的媒体设计

视听教学媒体是科技产物，运用教学媒体能够改进教学效果，教学媒体已经成为教师必备的教学技术，虽然影响教学效果的因素很多，但运用视听教学媒体是提升教学效果的重要因素之一。基于此，对体育教学改革的媒体设计进行初步的研究，对于体育教育教学改革具有重要的意义。研究认为，在以目标为导向的体育教学与学习历程中，体育教师的教学行为功能一般包括：组织有效的学习环境；编排合理、渐进发展的学习内容。新世纪的体育教师，必须具备视听媒体的运用与制作能力，以适应体育教育教学的创新发展。

在以目标为导向的体育教学与学习历程中，体育教师的教学行为功能包含组织有效的学习环境，编排合理、渐进发展的学习内容，适时适地为学习者提供动作技能的反馈信息。笔者尝试以体育教学媒体作为体育教学的系统化设计，其项目诠释分析如下。

1. 分析条件

首先要分析任教学校的环境条件，如场地、设备、器材、经费、师资、校风、社区背景等，也要理解学生本身的一些条件，如兴趣、能力、性别、年级、文化背景。

2. 制定学习目标

在了解学生的需求之后，就要设定学生的学习目标，没有目标的教学活动是盲目的，所以应该制定符合学生需求、不违背教育目标和国家政策，同时让学生能够达到的教学目标。而体育教学是一连串复杂动作的交互作用，所以教学目标的拟定，应以单元教学的概念为基础，做出整体的教学规划。

3. 选择或制作教学媒体

针对一节课或单元教学的内容，搜集相关的媒体，设计新的媒体或翻制已有的媒体。要注意版权的问题，使用前务必要征求原作者或出版者的同意。

4. 媒体规划

媒体选定或制作完成之后，如何利用媒体，媒体的使用需要多久的时间，教室场所的准备和必要的设备或仪器的操作以及课堂上的讨论和分组活动、学习团体等必须预先做出计划安排。

5. 运用媒体

视听媒体运用到教学活动上，固然有其功能、意义及时代特征，但也有其限制，所以视听媒体不能是教学的全部，而应该是从属教学、增强教学效果，因此教师不能失去自己应有的角色和职责，应该结合媒体的使用，加以解说、运用、引导、提示等，以便取得积极的教学效果。

6. 学生的反应

学生期待学习什么以及如何表现出较为具体的目标，能够立即给予教学反馈，达到教学互动的作用。

7. 评测

评测教学的有效性是非常必要的，必须对整个教学过程及进度做一个评量，以合理评估教学效果。

8. 分享

各级图书馆或视听教育馆、资料中心、文化中心等文化教育机构，有时会印制一些政府出版品及印有该馆或该中心所储备的视听媒体目录，当然其中也包括体育教学媒体目录，这些资料有的必须亲自索取，有的则可以通信索要。有些图书公司为了宣传，也会印制样品或目录，可以联系取得，以供教学使用。

9. 运用社会资源

上述文化教育机构，大多设有视听中心或视听室，可以申请使用。一般情况下，这些媒体大多不能外借，只能现场观看，也可以自行拷贝，不过这可能就涉及版权及图书馆的管理问题，不容易实施。博物馆、文化教育中心等文化教育机构，有时也会举办一些和教学有关的展览或表演活动。

第八章　高校体育教学方法的改革与创新

第一节　高校体育教学中多媒体技术的应用

一、多媒体教学技术的特征

（一）多媒体教学技术的多维性特征

所谓的多媒体技术的多维性特征，主要指的是多媒体教学技术所拥有的对信息范围进行处理的扩展与扩大空间的能力，而此种多维性职能能够变换、加工、创作输入的信息，使其输出信息的表现能力得到增加，其显示效果得到丰富。例如，在高校体育教学开展的过程中，利用多媒体系统进行辅助，不仅能够保证学生对文本知识的学习，使其对静止图片进行观察，并且在多媒体技术的支持下，学生能够清楚地观察、了解体育教师的动作演示，使高校体育教学额效果得到加强。

（二）多媒体教学技术的集成性特征

所谓的多媒体技术的集成性特征，主要指的是多媒体技术能够将不同类别的多种媒体信息有机地进行同步组合，例如，声音、文字、图像，等等，进而促进多媒体完整信息的相册。此外，集成性还存在另外一层含义，指的是对这些多媒体信息进行处理的工具或者设备的集成，包含视频设备、储存系统、音响设备、计算机系统等的继承，总而言之，指的是在提供的各种设备上将各种媒体紧密地进行关联，使文字、声音、图片与音像的处理实现一体化。

（三）多媒体教学技术的交互性特征

所谓的多媒体教学技术的交互性特征，主要指的是人和人之间、人和机器之间、机器和机器之间的交互活动，也就是人和机器进行对话的能力，也就是使用者同机器之间进行沟通的能力。这也是多媒体计算机系统不同于传统音响、电视机等家电设备的地方。根据实际的需要，人们能够选择、控制、检索多媒体系统，同时，还能够参与到播放多媒体信息与组织多媒体节目的行列中。传统的只能对编排好的节目被动接收的电视机形式已经被打破。

（四）多媒体教学技术的数字化特征

所谓的多媒体教学技术的数字化特征，主要是指在多媒体计算机系统中，各种各样的媒体信息都是以数字的形式在计算机中存放起来，并得到处理。多媒体技术是在数字化处理的前提下被建立的，例如，以矢量方式储存与处理的图形、以点阵方式储存与处理的图像、以数字编码方式储存与处理的音频和视频。在数字化技术发展的背景下，多媒体教学技术得到了广泛的传播与发展。

上述的四种主要特征，多媒体教学技术还有其他的一些特征存在，通常来讲，还拥有分布性、综合性与实时性等特征。所谓的实时性特征，主要指的是对于同时间相关的心理，如声音与视频信号等的处理，还有人机的交互显示、操作与检索等操作都存在实施完成的要求。所谓的分布性特征，主要指的是基于多媒体数据多样性的存在，在不同的时间与空间都会存在它的素材，并且在不同的领域中，它也得到了相应的广泛应用。所以，对于多媒体产品的开发，在离不开计算机专业人才参与的同时，更加需要的是听、视专业的人才。而多媒体计算机系统的存在比较明显的综合性，它不仅能够综合集成各种媒体设备，同时还能够综合提成各种信息，是他们成为整体，促进综合效应的产生，不再是单兵作战，而是文字、图片、声音与音像的有机组合。

二、多媒体在高校体育教学中的应用优势

多媒体教学教学技术通过文字和图形的形式，同动画、音频与视频相结合，将体育课程的教学内容进行里立体地显示，具有表现形式和表现手段丰富多样、灵活多变的特征，使其独特的优势得到充分体现。

（一）多媒体技术使高校体育教学观念得到了更新

高校体育教学的传统教学模式是以教师的教作为重心，在高校体育教学应用多媒体技术，能够使此种传统高校体育教学模式发生改变。体育教师在进行授课的过程中，对现代化的多媒体教学手段进行了应用，同时还需要人机交互活动与学生间交流活动的开展，使学生的体育参与意识得到激发，将体育多媒体教学的教学思想进行了展现，即以学生的“学”作为中心。这都能够极大地促进高校体育教学方法的实践性与多样性变革，改变学生体育知识与体育技能的学习思路与方式。

（二）多媒体教师使高校体育教学的质量得到提高

在体育课程的传统教学活动中，教师主要应用的教学方式是讲授为主，挂图等展示方式为辅。在实践课中则需要体育教师进行讲解与示范，在主观条件与客观条件的约束下，很难做到完全规范、标准的技术动作示范，在较短的时间内，学生们正确的动作概念也很难形成，只有体育教师才能够正确反馈出学生的体育学习状况，而这样的高校体育教学效果也是可想而知的。

杜媒体高校体育教学的实施使得上述的状况得到改变，在文字与图片的辅助下，体育课程的抽象概念得以具体化、形象化，而通过计算机，就能够对难度较高的体育技术动作进行模拟演示。而在对速度较快、结构复杂的技术动作进行讲解与示范的过程中，取得的效果则将会更加的明显。在多媒体技术的支持下，通过慢动作使学生对这一系列动作能够进行清晰的感知，促进相关体育概念的形成与动作要领的掌握，方便进行模仿与掌握，使得高校体育教学的效率与效果得到极大地提高。

（三）多媒体技术使学生的体育学习效果得到提高

多媒体技术能够使人的视觉、听觉等多种感官系统得到刺激，促进大脑不同功能区域交替活动的开展，促进体育学习内容生动化、形象化的发展，增强高校体育教学活动的趣味性与直观性，方便学生对体育技术动作的理解。多媒体技术对字体、色彩、图表、音乐、动画和闪烁等多种表现手段进行了综合利用，保证“声图并茂”“有声有色”，使得高校体育教学内容的艺术表现力与强烈的感染力得到增强，使高校体育教学的课堂氛围得到活跃，特别是多媒体高校体育教学资料中对肢体和谐美、力量美与技艺美的体现，使高校学生对体育的功效与个性的社会价值取得真正的认识，使他们的求知欲与体育学习的热情得到激发，进而使学生的体育学习兴趣与体育课堂教学的质量得到有效提高。

三、多媒体 CAI 在高校体育教学中的应用

（一）目前我国 CAI 的发展现状

目前，CAI 正迎来了一个多媒体大面积教学的时代，即使用先进的计算机技术、多媒体技术、网络技术、通信技术和设备，让最好的教师面向最广大的学生的时代。所以，保证 CAI 课件大数量、高质量的发展具有十分深远的意义。

（二）多媒体 CAI 的发展趋势

对于近年来，在 CAI 中多媒体技术的应用情况进行综合分析，可以得知多媒体 CAI 的应用存在三个方面的发展趋势，具体内容如下。

1. 呈现网络化的发展方向

计算机技术的不断发展，尤其是网络技术的迅猛发展，使人们的生活方式与工作方式得到很大的改变。网络技术的发展需要多媒体技术的支持，而多媒体技术需要在网络中得到应用，进而使网络的表现力得到了增强。在网络中应用 CAI 课件，能够保证“最好的教师面向最广大的学生”，进而使多媒体 CAI 的群体教学模式得以成功实现。

2. 呈现智能化的发展方向

从功能上来讲，多媒体教学软件与只能教学辅助系统之间存在着互补的关系，如果能够将两者进行结合，那么就能够规避短处的同时而发扬长处，进而使得性能较高的新一代多媒体 CAI 系统得以顺势而生。如果想要使多媒体 CAI 具备一定智能性的问题得以实现，那么就不仅仅需要同人工智能领域的知识表达与知识推理紧密练习在一起，同时还需要对学生模型的建构问题进行考虑。在人工智能领域的知识表达与知识推理问题上，需要探求出一种能够与多媒体环境相适应新型的知识表达方式及与之相对应的推理机制。

除此以外，还应该更可能地应用方法保证多媒体知识库中导航功能的智能化发展。智能化导航在具备一般导航功能的同时，还能够按照当前学生的知识水平，对学生最合适的下一步路径进行及时的建议，如果学生碰到了困难，就要对学生进行帮助等等。

3. 呈现虚拟现实的发展方向

虚拟现实的英文全称是 Virtual Reality，简称为 VR，属于交互的一种人工世界，需要多媒体技术同仿真技术的有机结合，在此种人工交互的情境中对一种身临其境的感觉进行创造。通常来讲，如果想要融入到虚拟现实的环境中，那么就需要对一个特殊的头盔与一副特定手套进行佩戴。

在高校体育教学中应用 VR 技术，具有十分令人鼓舞的前景，例如，我们可以对一个“虚拟物理实验室”的系统进行建造，这种系统能够帮助学生开展各种各样的虚拟实验，如万有引力定量实验等，进而可以深入地了解物理的概念与规律。

伴随多媒体技术与仿真技术的不断发展，VR 实现的理论与方法也不断发展。例如，

美国城市设计与规划专业的学生，对于这一套系统进行利用，从而能够对虚拟的一座城市进行设计、制作，如果学生能够改变城市场景的试图，那么就能够对于观光浏览真实幻觉的出现能够起到一定的促进作用。

（三）同传统的高校体育教学方法相比，多媒体 CAI 具有的优势分析

在高校体育教学课堂教学活动开展的过程中，由于高校体育教学内容与

高校体育教学任务方面存在着一定的需求，因此，多媒体 CAI 能够科学地、合理地对现代化教学媒体进行选择，并进行应用。而信息的全方位传递需要人体的多种感官，同时对于媒体组合开展的系统教学能够进行反馈与调控，在高校体育教学课堂教学开展的过程中，保证它的存在是始终有效的，从而实现高校体育教学过程的优化。

多媒体 CAI 高校体育教学同传统的高校体育教学活动相比较，存在的优点有以下几种。

1. 体育教师在指导学生体育学习活动的过程中对其系统进行利用

在现代化高校体育教学中，计算机能够对大量的教学相关信息进行承载，能够按照高校体育教学的实际需要，开展人机对话，并且能够对各种各样的高校体育教学活动随意地调用、开展。

2. 可帮助学生对动作概念尽快地建立

如果能够将多媒体 CAI 应用在体育课堂教学过程中，就能够促进力量教学效果的获得。例如，体育教师在对足球理论课进行教授的时候，提到“越位”这一概念的时候，大部分学生对此概念都能够很好地理解，然而，在具体的实践中却不能较好掌握。在进行表达的过程中，体育教师可以对画图的形式进行利用，同时，还能够对声像资料进行应用，对于足球比赛活动中一些典型的与不典型的“越位”镜头编辑在一起，从各个角度出发，向学生及时展示什么是“越位”，同时还要将经过反复多次推敲的解说词列入其中，使学生的各个感官都能得到调动，从理性上与感性上使学生对这一概念进行理解。

3. 学生可用其对自我学习、自我测验与自我评价直接地开展

对于多媒体高校体育教学的使用方法，由体育教师向学生传授，保证学生的体育学习活动，不仅能够在课堂上进行，还能够在课堂教学结束后开展，即复习或自学。

4. 向学生及时、准确地反馈其学习进程，使体育学习效率得到提高

在传统的高校体育教学过程中，教师在对跳远动作进行教学的时候，会对学生做出的不规范腾空动作或者是没有达到规定标准的动作进行指出，但是有时候学生可能并没有意识到错误的动作，因此导致教师和学生之间出现了沟通障碍，需要注意的是，如果想要消除掉此种掌握，就需要在体育教师的悉心指导下，学生对某一种动作一遍一遍地不断重复，并且在不断的重复

练习中，对动作的要领不断体会。如果是在学生需要改进某一个成型动作或者使自身运动成绩得到提高的时候，就可能会导致学生具有较低的训练水平与较慢的成绩提高。如果体育教师对每一次学生做的跳跃动作进行录制，进行慢动作处理。再组织学生进行观看，使学生对于存在的问题能够及时的发现，并予以纠正。还可以利用计算机的处理作用，将一些优秀学生所做的这一动作进行事先的录制，再将两者开展对比，就能够很明显地得出两者之间存在的区别。此外，这套编制的多媒体 CAI 在专业运动员的训练中也同样适用。

5. 使学生的体育学习兴趣提高

在传统高校体育教学活动开展的过程中，鉴于单调高校体育教学形式与落后高校体育教学手段的存在，使得学生由于学习过程反复、辛苦、无聊而产生的不能积极应对学习的心理状态想要调整过来是不容易的，同时，多媒体 CAI 具有的形式是新颖的、变化多样的，能够对学生良好的心理状态进行调节，同时还能够有效刺激学生自身的求知欲，从而使学生的体育学习效率可以得到一定的提升。

综上所述，多媒体 CAI 能够刺激学生的各种感官，对知识或信息进行最大限度地吸收。多媒体 CAI 在高校体育教学中的应用，促进高校体育教学软件多媒体化的发展，能够使学生心理上的不同要求得到更好地满足。它能够将信息编码成图像，经过同步识别以后，保证高校体育教学文件的声图并茂，绘声绘色，且清晰，便于理解，使学生更加容易接受。

（四）体育多媒体 CAI 课件设计

体育课件的结构主要包含两个主要部分构成，即原理教学模式与训练教学模式。而对于体育多媒体 CAI 课件而言，总体的结构组成是高校体育教学内容与高校体育教学目标，其主要目标是使学生对体育基础知识和基本技术、技能进行掌握，使学生的身体素质得到增强，使学生的良好思想品德得到培养，促进学会观察能力与模仿能力的提高。而体育多媒体 CAI 课件的主要内容由理论课与实践课构成。

1. 体育多媒体 CAI 课件设计步骤

体育多媒体 CAI 在设计的过程中，主要包含四个主要步骤，具体内容如下。

（1）体育多媒体 CAI 课件设计的第一阶段

在体育多媒体 CAI 课件进行设计的第一阶段，首先要对题目进行确定，之所以对题目进行确定，目的在于对课件设计所依据的规范进行深入了解。

（2）体育多媒体 CAI 课件设计的第二阶段

在体育多媒体 CAI 课件设计的第二阶段，要对脚本进行撰写。撰写脚本的目的是对高校体育教学的内容进行安排。主要使由具有丰富教学经验的高校体育教学或者作者来负责撰写。

（3）体育多媒体 CAI 课件设计的第三阶段

在体育多媒体 CAI 课件设计的第三阶段，需要编制软件，在前两个阶段中还只是纸上谈兵，但是在这个阶段，不再是字面上的，而是课件的实际材料。在这一过程中需要做的工作有三项，即：①通过对多媒体编辑工具的利用，对多媒体数据进行准确；②通过多媒体的著作工具对多媒体课件进行制作；③对相关的程序进行编制。

（4）体育多媒体 CAI 课件设计的第四阶段

在体育多媒体 CAI 课件设计的第四阶段，需要测试、检验。当完成了体育多媒体 CAI 课件的开发、设计工作以后，就需要进行测试、检验。主要目的在于对体育多媒体 CAI 课件的运行情况进行测试，从而对课件能否达到规定的目标进行测验。

2. 体育多媒体 CAI 课件的选题原则

我们都需要承认的是体育多媒体 CAI 课件具有的特点与优势是非常强大的，然而，有时候也会有相对的不足与局限存在，因此，在完成全部教学任务进行完成的过程中，不能对体育多媒体 CAI 课件过分依赖，还应该对高校体育教学目标、高校体育教学条件、高校体育教学资源与高校体育教学内容进行考虑，保证选择的最优化，并精心设计。更是要同其它教学媒体紧密联系在一起，组合应用起来，才能扬长避短，使更加高效的教学系统得以构成。

我们首先要对体育多媒体 CAI 课件设计的价值进行考虑，即这堂课是否必须要使用课件。如果传统的教学方式就能够使良好的教学效果得以被达成，就没有必要花费大量的精力去对体育多媒体 CAI 课件进行制作。所以，在对体育多媒体 CAI 课件的内容进行确定的时候，通常会很难使用语言对高校体育教学过程中的难点与重点进行清晰的表达，在这样的情况下，对于体育多媒体课件的形式进行使用是比较合适的。之所以这样，主要原因是对于体育多媒体课件而言，自身具备较为丰富的功能，能够将声音、视频、动画、效果汇集在一起，能够更贴切地模拟自然，表现自然，或者是在实验条件的支持下，通过局部放大、旋转与重复等多种方式进行展现，从而有效地突破高校体育教学的重点与难点。基于模拟训练的目标而言，特别是初级训练更是比较适宜对多媒体形式进行应用。体育多媒体具有比较强大的模拟功能，能够有效地实施高校体育教学中的各种模拟技能训练。例如，对于一些进展比较困难的危险实验进行替代，高校体育教学过程中学生的实际操作，周期较长或者代价较高的实验，但是，这里需要去注意的是，在选择高校体育教学内容的时候，应该选择那些不存在演示实验或者是演示实验不容易做的教学内容，并且进行使用。

3. 体育多媒体 CAI 课件的设计原则

（1）体育多媒体 CAI 课件设计的结构化分析原则

在体育多媒体 CAI 课件进行设计的过程中，应该对结构化分析原则进行遵循，而我们这里所说的结构化分析原则，主要是指设计体育多媒体课件的时候应用系统分析的方法，按照结构要素组成对事物进行依次的分解，等到对于所有的要素都能够清楚地进行理解与表现的时候，就能够停止事物的分解了。基于结构化分析原则下的体育多媒体 CAI 课件，能够将高校体育教学的内容进行层次清楚的表达，纲举目张，不管是从系统宏观来讲，还是对于局部细节而言，所做的认识都是非常详尽的，因此，对于体育多媒体 CAI 课件中框架的展开与学科内容的设计都能够起到一定的促进作用。

（2）体育多媒体 CAI 课件设计的模块化设计原则

所谓的体育多媒体 CAI 课件设计的模块化分析原则，主要只是按照结构化分析的框架图指示，将相同或相近的部分设计成模块，使其相对独立起来，用模块图表示出单一功能模块的组成的结构，由此对课件系统及与之相应的功能结构进行确定，进而为结构化编程创造良好条件。

诸多实践证明，体育多媒体 CAI 课件的模块化设计不仅减轻了繁杂的内容编程的负担。还可保证课件的风格统一、制作程序化。

（3）体育多媒体 CAI 课件设计的个别化教学原则

在对高校体育教学内容进行选择与组织的时候，应该做能够具有广泛的适应性，应该保证某一层次的所有学生都能够适用。同时，根据学生不同能力的差异，对相应的高校体育教学程序和对策进行设计。例如，学生能够对自己学习内容的深度和广度进行控制，并对自己的学习进度进行确定。

（4）体育多媒体 CAI 课件设计的反馈和激励原则

体育多媒体 CAI 课件应该对于每一个学生做出的反应都能够将与之相对应的信息不论时间、无论地方的进行反馈。在体育多媒体 CAI 课件中，要保证友好的交互界面，充分调动起学生体育学习的积极性，使学生始终处在良好的学习状态中，同时，还要及时的、有效的强化高校体育教学的效果，使及时正向激励的作用得到有效的发挥。

（5）体育多媒体 CAI 课件设计的贯彻教学设计原则

对于体育多媒体 CAI 课件的设计而言，其理论与方法在将体育课堂教学呈现包含在内的同时，也存在体育多媒体 CAI 课件进行设计的方法与原则。在对高校体育教学的结构与内容进行设计的过程中，体育教师不能单纯地依靠传统的方法与经验对高校体育教学结构与内容进行设计，同时，还要适当地使用系统的技术和方法，进而对高校体育教学目标的设计与分析，以及高校体育教学的诊断工作进行实施。

4. 设计体育多媒体 CAI 课件的具体方法

体育教师在开始制作体育多媒体 CAI 课件之前，应该对课件设计工作的重要性进行明确。现阶段，有一些体育教师不能够把握住体育多媒体课件的精髓所在，只是一味地去追求最新的科学技术，故而一不小心就将体育多媒体课件的性质进行了改变，使之成为了多媒体成果耳朵展示，这样是不够正确的。之所以出现这样的结果，主要是因为，没有对高校体育教学中体育多媒体课件起到的作用进行明确，需要注意的是，在高校体育教学过程中，体育多媒体课件发挥的作用不是主要的，而只是辅助性的。在体育课堂教学开展的过程中，教师仍然发挥着主导作用。只要将体育多媒体 CAI 课件的设计工作做好，才能够制作出更多优秀的课件。所以，在设计体育多媒体 CAI 课件的过程中，可以考虑从以下几个方面进行考虑。

（1）从体育多媒体 CAI 课件的可教性考虑

对体育多媒体 CAI 课件进行制作的主要目的是使体育课堂教学的结构得到优化，使体育课堂教学的效率得到提升，在保证促进体育教师教的同时，还要促进学生的学。所以，在设计体育多媒体 CAI 课件之前，我们应当对其存在的教学价值进行优先考虑，也就是说，对于这堂课是不是有必要对体育多媒体 CAI 课件进行使用进行考虑。通常来讲，如果仅仅使用传统的高校体育教学方式就能够使良好的高校体育教学效果得以实现，那么花费大量的精力对体育多媒体 CAI 课件进行设计就没有必要。所以，在对体育多媒体 CAI 课件的内容进行制作以前，应该尽可能地对那些不存在演示实验，或者是演示实验不容易做的高校体育教学内容进行相应选择、应用。

（2）从体育多媒体 CAI 课件的易用性考虑

对于体育多媒体 CAI 课件而言，应该能够清楚地表达出高校体育教学的目标、高校体育教学的步骤与高校体育教学的具体操作方法，同时，有一点需要注意的是，即在同本机脱离的情况下，在其他的计算机环境中，体育多媒体 CAI 课件也能够运行成功，因此，需要对于几个方面具体的内容进行注意。

①体育多媒体 CAI 课件应该便于安装，且能够随意拷贝到其他硬盘上使用

首先，体育多媒体 CAI 课件应该保证启动比较快速，避免体育教师和学生焦急等待的情况出现。其次，体育多媒体 CAI 课件应该尽可能占据较小的容量，这里需要注意的是，对于体育多媒体 CAI 课件越大越好的错误观念必须要更正，伴随网络技术的日新月异，体育多媒体 CAI 课件的运行在网络环境下最好。

②体育多媒体 CAI 课件应该具备友好的操作界面

对于体育多媒体 CAI 课件而言，其操作界面应该包含一些具有明确意义的按钮和图片，同时还要能够通过鼠标进行操作，对于一些特殊的情况的避免，例如，键盘操作复杂等。此外，应该合理设置体育多媒体 CAI 课件各个内容部分间的转移，保证方便地操作跳跃、向前与向后等步骤。

③体育多媒体 CAI 课件的运行要保证一定的稳定性

对于体育多媒体 CAI 课件而言，在其运行过程中应该保证一定稳定性的

存在，如果体育教师在执行体育多媒体 CAI 课件时做出了错误操作，那么就十分容易产生退出的情况，也会出现计算机重新启动的情况。因此，在体育多媒体 CAI 课件具体的操作过程中，体育教师应该尽可能地使死机的情况较少，甚至不出现，保证体育多媒体 CAI 课件运行过程中稳定性的存在。

④体育多媒体 CAI 课件要保证及时进行交互应答

在体育多媒体 CAI 课件运行过程中，应该保证及时地进行交互应答。而不能将体育多媒体 CAI 课件等同与电影。同时，体育教师应该高度重视学生的学，使学生学习的过程是循序渐进的，为学生留出更多的思考余地。

（3）从体育多媒体 CAI 课件的艺术性进行考虑

对于一个体育多媒体 CAI 课件而言，它的演示在保证良好高校体育教学效果的同时，还应该是令人愉悦的，只有这样才能够将美的享受提供给体育教师与学生。如果上述的两项因素都能够保证，那么就表示这样的体育多媒体 CAI 课件存在着较强的艺术性特征，完美地融合了优秀的内容和优美的形式，值得我们注意的是，想要实现这两个目标其实一点也不容易。想要实现这些内容，体育教师不仅应该具备一定的美术基础，还要存在一定的审美情趣。所以，如果在这一方面存在过高的要求，就很难顺利实现。

体育多媒体 CAI 课件的艺术性特征主要的表现是：具有柔和色彩的操作界面，科学合理地进行搭配，画面应该同学生的视觉与心理产生共鸣；为了能够保证将更加逼真的图像呈现出来，可以考虑使用 3D 效果；对于画面的流畅性要做出保证，避免停顿、跳跃的现象出现，需要注意的是，体育多媒体 CAI 课件画面中最多只能存在两个运动对象；此外，不仅要存在优美的音色，还必须通过适宜的配音进行相关辅助。

5. 体育多媒体课件创作工具的选择

在选择体育多媒体课件创作工作的问题上，如果能够恰当地选择体育多媒体课件的创作工具，那么就能够使得体育多媒体 CAI 课件的具体实施产生更加理想的效果。在本书的此章节内容的分析与研究中，作者主要从以下几个方面简单地分析比较典型的体育多媒体课件创造工具与开发工具。

（1）在体育多媒体课件的创作过程中，选择体育多媒体创作工具的基本原则

在体育多媒体课件创作的过程中，所选的创作多媒体工具，其主要用途

是当用户编排、制作各种各样的节目能够起到一定的促进作用，多媒体的创作工具在向用户提供的过程中，通常是交互的设计环境与易懂、通俗的高级编著语言，如此一来能够为用户编制各种内容提供便利。如果在体育多媒体CAI课件设计过程中，恰当地选择多媒体创作工作，那么就能够保证体育多媒体CAI课件的效用得到最大程度地发挥。

①高效原则

在体育多媒体课件创作的过程中，将会对多媒体的开发、创作工具进行应用。对于多媒体开发、创作工具而言，存在的特点主要有：具有容易实现、具有丰富多样的效果、较高的媒体集成度、看到的就是得到的，在体育多媒体课件备课问题与课件开发的开展方面，具有十分明显的效率优势，这一点传统“语言”系统是做不到的。

②易用原则

对于同一种知识而言，如果通过1000名教师进行教授，自然就会存在1000种不同的教学方式。而体育多媒体课件的实际操作具有简单、便捷、方便、容易使用等多项特征，如果想要体育教师真正地接受并使用他们，就需要体育多媒体课件的使用方法在较短的时间内被体育教师所掌握，即便这个体育教师对于程序设计一窍不通，甚至是对于计算机的操作也了解甚少。

③开放原则

在高校体育教学开展的过程中，可以使用的素材是富有变化的，因此，体育多媒体课件必须要拥有一个几乎被所有多媒体格式都能兼容的体育多媒体课件创作开发平台，在能够提供或者应用各种各样高校体育教学素材的同时，还能够支持各种各样输入的设备格式。此外，还应该保证存在的所有素材都能够得到充分利用，自己的产品不管是在哪一台计算机中都能够适用。

④价廉原则

体育多媒体课件创作工具选择的价廉原则，是一种共同要求，在任何一个领域中都适用。当前“质优”是必要的前提。

（2）体育多媒体课件创作工具简介

在体育多媒体教学课件创作的过程中，选择体育多媒体创作工具的时候必须要对其存在的功能进行了解。通常来讲，体育多媒体课件创作工具具备的功能有很多，例如，①为体育多媒体的编程营造良好氛围；②多媒体数据管理功能；③超文本功能；④超媒体功能；⑤对于体育多媒体数据的输入和输出都能够有效的支持；⑥连接各种各样应用的功能；⑦友好的用户界面；⑧制作、编排动作的功能。

在体育多媒体教学课件创作的过程中，如果体育多媒体的创作工具存在于不同的界面中，那么就会同样存在不同的创作特点与创作风格，同时，每一种都会存在其各自的不同优点与缺点。但是，如何对这些界面不同的创作工具进行选择，主要依据是个人的偏爱与需要完成的创作任务。例如，如果仅仅是对学术会议的报告与研究生答辩内容进行制作，那么就不需要通过更加复杂的编程软件来完成制作，而是只需要对幻灯创作工具进行选择、使用就可以了。但是，有一定需要进行说明的是，如果想要针对某一个领域中的教育教学软件进行制作，以便于更好地辅助个别化教育训练的开展，或者是实际操作的练习中使用，那么就应该选择具有较强交互性的多媒体创作工具。对于几种比较常见的多媒体创作工作，作者进行了如下的分析。

①幻灯式多媒体创作工具

体育多媒体课件创作过程中的幻灯式多媒体创作工具，一般来讲是一种呈现以线性为主的体育多媒体创作工具。而此种创作工具在应用中就是通过一系列的幻灯片的排列来对过程进行呈现，也就是按照顺序分离并展示屏幕。而此处所提及幻灯片，可以是简简单单的文字幻灯片，也可以是简单的图像幻灯片，还可以是由声音、图像、文字、视频或者动画等多种要素结合在一起的体育多媒体课件复杂组合，但是，在这里有一点需要强调，那就是：一般来讲，此种体育多媒体课件创作的幻灯式多媒体创作工具，在开始使用之前必须要存在一个预先设置完整的展示程序。

对于体育多媒体课件创作的幻灯式多媒体创作工具而言，其某一些特殊存在能够将一定程度的交互提供出来，再按照一定顺序立体体育多媒体教学课件界面中存在的键盘操作、鼠标操作与按钮操作，在对体育运动技术动作进行设计的时候，必须要借助动作按钮的功能，完成超级链接，此外，也可以打开一些外部的程序。幻灯式多媒体创作工具中比较典型的就是 PowerPoint，其显著特点就是简单、易学、易用。能够将一个创作展示的完整软件环境展示出来，其中不仅包含集成工具、格式化流程、绘画，还包含了其他的多种选项。此外，对其包含的许多模版，我们可以直接进行调用，但是，此多媒体创作工具也是存在缺点的，即只存在简单的交互，甚至是缺乏交互，并且存在的交互只是在幻灯的线性序列的点之间进行跳转。在学术报告、汇报与演示过程中对此种幻灯式多媒体创作工具使用较多。

②书页式多媒体创作工具

书页式多媒体创作工具的主要特点是，将相关的高校体育教学内容制作成一本书的形式，当然也存在“页”，并且这些页像书稿一样，也有一定的顺序存在。而上述的这一特征同体育多媒体课件创作的幻灯式多媒体创作工具是比较相近似的，但是，两者之间也肯定会存在着一定的差别，即在页与页之间也能够有效支持更多的交互形式，给人一种身临其境，能够浏览真实书稿的感觉。书页式多媒体创作工具的典型是 Tool Book，此软件能够对应用程序进行想象，使之成为具有很多页的书籍，在它自己的窗口中可以对每一页的内容进行画面展示，里面有大量的交互信息与媒体对象包含其中。可以说，书页式多媒体创作工具与幻灯式多媒体创作工具相比，在结构方面，交互能够在一页内完成，显示出更加丰富的特点。对于 Tool Book 来讲，在一个独立存在窗口上，每一次只能显示出一个的内容。因此，在应用程序中的实现智能只能是利用页面不同的现实才能够完成。此外，还能够在打开某一本书的某一页内容的时候，同时打开其他的书籍，所以，对于更加复杂化的一个层次结构的建立，可以进行充分的考虑，也就是所谓的书架式的应用程序。对于此种书架式的应用程度而言，其原理在于在书架上，将多种多样的事物当作一本书进行放置。

比较典型的创作工具就是 Tool Book，是由 Asymetrix 公司负责开发的。Tool Book 是水平较高的面向对象开发的一个环境，它能够将面向对象的一种程序设计语言 OPENSCRIPT 提供出来，两种相关的信息可以通过这种语言链接在一起，从而对于各种任务的完成起到一定的促进作用，例如，可以用于动画声音、计算数字、播放图像等等。此种体育多媒体课件创作工具的特点，一般在其对应用程序的组织方面体现出来。此种创作工具具有较强的超级链接能力与超级文本能力。对于 Tool Book 而言，如果按照使用的角度对其进行划分，就能够分成两个主要层次，分别为 Tool Book 的作者层次与读者层次。从读者层面上而言，用户能够执行对书的各种操作，同时，阅览它的内容；从作者层面上来讲，设计者能够使用命令来实现对新书的编写；在修改对象或者程序中各个页次对象等的时候可以对调色板与工具箱进行利用。

③时基模式创作工具

我国这里所说的时基模式创作工具，是一种常见的多媒体编辑系统，主要将时间作为基础，通过此种编辑创作工具制作出的内容近似于卡通片或者电影。时基模式创作工具通常是利用看得见的时间轴来对显示对象上演的时间段与事件的顺序进行确定。在这样时间关系存在的情况下，它的出现形式可以是许多的频道，从而能够使多种对象得到安排，同时呈现出来。通常在这样的系统中会有一个控制面板的存在，主要是为了对播放进行控制，一般来讲就像是常见的录音机与录放像机，主要包含了演出、快进、倒带、前进一步、后退一步、停止等按钮。

④网络模式创作工具

对于网络模式创作工具而言，它可以允许的程序组成一个自由形式的结构，即可以任何一个地方到另外的任何一个地方。同时，它存在着不固定的结构与呈现顺序。在利用网络模式创作工具进行创作的过程中，仍旧需要作者建立起自己的结构，也就是说作者需要尽可能多地完成工作。但是，在所有模式的多媒体创作工具中，此种创作工具是一个存在多种层次的，比较适宜建立的应用程度。比较典型的软件是“MEDIA Script”，能够从应用程序空间的任何一个对象使用户随意地跳转向其他的任何对象，访问是完全随机的。网络式的实现可以对任何一种程序语言进行利用，然而，它存在较高的计算机方面的要求，首先需要作者至少是一名程序员。

⑤传统程序语言为基础的多媒体创作工具

对于程序员来讲，在编程方面比较擅长，通常对于多媒体编辑创作系统的限制及依赖工具箱产生对像的方式很难接受，所以，想要他们对多媒体创作系统进行应用，完全地丢弃到他们所熟悉的语言创作工具是非常困难的，几乎不可能实现。在这样的情况下，不仅适当地保留传统语言的特征，还要对于设计程序过程中所涉及到的环境进行改进，使之能够像可视化操作的一个系统转变。如果这样的话，就能在程序编写的过程中，使程序员在充分利用传统语言的同时，还能够对多媒体开发的工具箱进行应用，并且还能够直接使用工具箱内的这些编码，使之变成能够得到重用的编码。我们可以预见，此种多媒体创作工具存在的应用前景是相当广泛的。

四、基于 WEB 的体育多媒体网络课件的教学设计

（一）体育多媒体网络课件设计特点

基于 Web 的体育多媒体网络课件的设计，主要对高校体育教学过程中学生的中心地位进行了强调。在主动获取知识的环境下，教师和学生的地位、作用和传统教学方式已发生了很大的变化，相应的教学设计理论与传统教学相比也出现了差异之处。因此，就需要围绕以学生为中心、强调教师与学生充分交互这一原则对体育多媒体网络课件进行设计，保证能够将对网络教学特点进行体现的软件被设计出来。

1. 对于“以学生为中心”的思想进行强调

在体育多媒体网络学习的过程中，应该使学生自身的主体性作用得到有效的发展，将高校体育教学课内与课外相结合、体育锻炼活动自觉参与的精神得到展示。应该保证学生能够在自身联系反馈信息的支持下，形成高校体育教学理论与方法的独到见解。

2. 对于情境在获取知识中的重要性进行强调，对于高校体育教学信息的接受与传递不等同于知识建构的问题进行强调

在体育课程构建的实际情境中，能够开展一系列的学习相关活动，能够促进现有认知结构中的一些相关经验能够被学习者有效的利用，使他们对于现阶段所学的体育课程教学的新知识可以更好地固化、索引，进而将某种特殊的意义赋予到新的高校体育教学知识中。因此，在对体育学习情境进行构造的过程中，必须要强调知识点与知识点间的结构关系，注意不能只是简单地罗列高校体育教学内容。

3. 对于获取知识方面，协作学习发挥的重要作用进行强调

在体育多媒体网络课件进行设计的过程中，对于学习者与周围环境之间存在的交互作用，还有网络环境能够强化协作学习环境的作用能够得到充分

地、有效地发挥，这对于学习者充分理解高校体育教学内容有着非常重要的作用。

4. 对于学习环境的设计进行强调

我们这里所说的学习环境，通常指的是学习者能够自由地进行学习与探索的场所。在学习环境中，学生为了能够使自身的学习目标得到顺利实现，需要充分地利用各种信息资源与工具。基于 Web 的体育多媒体网络课件的设计，从以学生为中心思想的指引下，并不是从高校体育教学环境进行设计，而是针对学习环境展开一系列的设计。这样做的缘由是，更多的控制与支配产生于教学过程当中，而更多的主动与自由则是会产生于学习过程中。

5. 对于学习过程中各种各样信息资源的有效利用进行强调

在体育多媒体网络学习开展的过程中，为了能够有效促进学习者对知识的主动获取与探索，需要将更多有效的各类信息资源提供给学习者，与此同时，对于学生自主学习活动与协作式探索的顺利开展得到促进，对于这些媒体与资源应该要科学合理的利用。因此，在选择、设计同传统课件设计相关教学媒体的问题上，需要应用全新的、有效的处理方式。例如，充分考虑到如何获得信息资源、获取信息资源的途径有哪些、怎样有效利用信息资源等多项问题。

（二）高校体育教学内容选择与组织

只有对高校体育教学内容精心选择和组织，才能够使 Web 的优势得到充分利用。具体的做法主要包含以下几个方面的内容。

1. 教学内容的多媒体化

在高校体育教学开展的过程汇总，不仅可以对文字和图片进行使用，还可以利用声音、动画和视频。如果高校体育教学内容具体多元化的形式，那么也要综合地设计高校体育教学内容的形式，对于文字形式、图片形式、声音形式、视频形式与动画形式等多种高校体育教学手段综合利用，详实地解说体育运动技术动作的要点、方法、难点、练习方法、容易犯的错误、纠正错误的方法等等多个方面的问题。

2. 补充体育课程教学相关内容与链接

在体育课程教学开展的过程中，在教学的各个知识点中不仅能够将体育课程教学大纲要求的内容引入其中，还可以融入大量的相关信息与知识。例如，在《篮球》中，不仅仅包含体育课程教学大纲中规定的一些技术教学内容与战术教学内容，同时，对于篮球运动的所有技战术进行了扩展，同时，还补充了篮球运动技战术实战应用的内容。在完成体育课程教学大纲要求内容的同时，使爱好篮球运动的学生能够给对于国内外先进的篮球运动技战术、教学与训练相关网络站点进行了解学习。此外，我们还能够对网络连接的特点进行利用。

3. 高校体育教学内容动态更新

在体育课程网络教学开展的过程中，学生体育学习教材由体育教师负责编写的传统方式已经不再适用了。之所以这样，主要是因为在体育课程网络教学中，对于高校体育教学课件的相关内容，学习者可以自由地进行浏览，同时，还能够通过网上教师答疑解惑与课程互动讨论等教学手段对高校体育教学内容进行讨论。此外还可以将一定的修订意见进行提供，促进高校体育教学互动过程中教师与学生对教材进行共同编撰可行性的实现。经过了体育相关教材的共同撰写以后，对于自身的问题与意见，学生能够进行充分的表达，从而使体育课程网络教学过程中学生的参与感得到大大提高。

（三）体育多媒体网络课件的结构设计

在设计体育多媒体网络课件结构的时候，需要考虑的因素有：高校体育教学的目标、高校体育教学的内容、交互方式的性质。体育多媒体网络课件结构主要建立在高校体育教学内容的基础结构上面，它可以保证体育多媒体网络课件的相关教学功能与大致框架得到充分地反映。

对于体育多媒体网络课件而言，其总体结构主要由两个部分内容构成，分别是高校体育教学的内容、网络交互。高校体育教学的组成内容，不仅包含体育课程教学大纲要求的全部内容，还包含着一些扩充性的知识。在高校体育教学网络手段应用的前提下。大量同体育课程教学核心内容相关的补充性知识在体育课程教学内容中能够有机融合，进而促进高校体育教学资源的一个特定环境得到营造，对于那些存在不同兴趣、爱好的学生而言，能够保证他们的个性化学习活动被给予适当的支持。在大量扩充性知识得到引入的情况下，极大地丰富了体育多媒体网络课件的内容。对于体育多媒体网络课件而言，其主要内容包含了体育理论课的教学内容与体育实践课的教学内容。

对于体育多媒体网络课件而言，其主要内容包含了多项内容，例如，相关课程的介绍、课程讲解的要点内容、教师答疑解惑、课程讨论、作业处理与课程公告，等等。其中，相关课程的介绍主要有对学习总体目标的介绍、考核的办法、学习方法、学习进度与课时安排等的介绍；课程讲解的要点内容主要有每一个项目的教学任务、技术动作的要点、技术动作的难点、练习方法、容易犯的错误与纠正的方法，等等。

（四）撰写脚本与设计素材

多媒体手段的引入使得高校体育教学内容的形式得到多元化的发展，在体育网络课件撰写中需要对素材的撰写和设计进行考虑，我们这里所说的素材，主要包含文字、图形图片、声音、动画和视频等等，对于这些不同类素材之间的连接关系也要进行考虑。

1. 文字脚本的撰写

通常对 Word 软件进行利用，来实现文字脚本的撰写，在内容的问题上，不仅仅要对高校体育教学的知识点进行考虑，还要利用文字去清晰地表达出教师的讲解，另外还要在引入图形图片、动画及视频的文字处及超文本连接处做出标记，以便于后期的制作者使用，所以，在字数上，文字脚本是传统教材的 2 ~ 5 倍。

2. 声音脚本的撰写

在网络条件的制约下，如果在高校体育教学网络课件中对于大量的声音文件进行应用，很有可能会降低了其最终的运行速度，所以，声音文件的使用只能在特别需要的地方才可以，例如，对动画的解说、对视频的解说等等。同时，在对这一种类别的声音脚本进行撰写的时候，首先要进行考虑的是目标动画与目标视频，同时，按照动画的解说与视频的解说，对时间与内容开展配音工作，需要注意的是，应该保证配音脚本的精炼化，同时，将动画与解说的过程、配音的过程紧密地联系在一起。

3. 关于图形图片的设计

我们常说的图片，就是指利用拍照技术而生成的图片。当体育教师向学生讲解高校体育教学内容的时候，可能需要使用到大量的图片。我们常说的图形，就是指利用计算机的相关软件而绘制出来的示意图，例如，篮球运动技战术配合的相关线路，等等。在对图片进行拍摄以前，体育教师应该针对每一个技术动作按照文字讲解的实际需要进一步设计照片拍摄的地点与数量。通过计算机相关软件绘制出的示意图，不仅要对相关的内容进行表现，还要对图形的种类进行确定，可以是二维图形的绘制，也可以是三维图形的绘制。从原则上讲，为了能够使基于 Web 的体育多媒体网络课件的制作成本适当地降低，尽量对二维图形进行使用，而放弃对三维图形的使用。

4. 关于动画的设计

我国这里所说的动作，主要是指动态的图形或图片。在基于 Web 的体育多媒体网络课件中，动作的使用只是为了表达原理性的一些内容，例如，体育教师在讲解球类运动的战术配合问题的时候，就需要应用到二维动画。在对相关动画进行设计的时候，首先需要进行设计的就是最原始的静态图形，然后需要通过文字与图示对初始动态图形的每一个变化过程进行说明，同时，还要以文字撰写的形式编写相应的解说文字。对于动画脚本而言，其主要构成有：每一步动作的图形、说明性的文字与线条、图片中的文字提示、解说的文字等。一般来讲，一套规范的制作表必须要通过制作人员和脚本撰写人员一起来进行商讨、确定，这对于撰写脚本与双方交流活动的开展能够起到一定的促进作用。

5. 关于视频的设计

在基于 Web 的体育多媒体网络课件设计过程中，视频的拍摄类似于图片的拍摄。通常来讲，视频的拍摄和图片的拍摄在步骤上是一致的。同时，如果拍摄过程中使用的是数字摄像机，那么图片拍摄与视频拍摄事实上就是处在同一个过程中。

6. 关于功能的设计

对于基于 Web 的体育多媒体网络课件而言，其功能的设计内容主要有：对于课件界面的层次选择、导航模式设计、按钮的选择、功能按钮的确定、课程内容展示方式的确定、类型不同素材的连接方法确定、课件内容文件结构的确立等等。功能设计的目的主要是最大限度地使用多媒体网络手段，以便于能够使特定内容对教学活动辅助作用的完成起到一定的促进作用。在基于 Web 的体育多媒体网络课件中，按照总体结构的相关要求，通常通过三级结构对界面进行设计，分别是：主要界面（也就是网络课件的主页面）、选择内容的界面、讲解内容的界面。

在基于 Web 的体育多媒体网络课件的主要界面中，通常存在两组可以选择内容的按钮，分别是：高校体育教学内容组按钮、网络交互组按钮。为了可以适当地减少页面切换的数量，从而提升基于 Web 的体育多媒体网络课件的运行速度。因此在选择内容的界面，在设置每一节内容选择按钮的同时，还要设置每一章节的切换按钮。针对某一个高校体育教学内容，综合利用各种各样形式的高校体育教学手段，可以采用的高校体育教学手段有：文字介绍、动画讲解、图像图片、录像片段等。不仅如此，基于 Web 的体育多媒体网络课件还可以设置其他超文本链接形式的按钮，例如，欣赏，友情地链接到其他的网站。在基于 Web 的体育多媒体网络课件中，其界面存在的各式各样的按钮充分考虑了学生各种需求。此外，我们还可以科学合理地增加按钮的趣味性与动态效果。

基于 Web 的体育多媒体网络课件作用的主要表现是，使实践课中理论讲授时间紧且不系统的问题可以得到较好的解决，可在网上将体育课的教学内容完整系统地进行讲授，供不同需求的学生在网上进行个性化学习；可以利用多媒体的手段对体育运动技术动作要领进行形象生动地讲解，保证统一的、规范的动作，可以便于学生重复多次地进行观摩与学习，从而保证基于 Web 的体育多媒体网络课件对于课外体育锻炼能够起到很好地辅助作用；对于网络上能够提供的条件应该充分地利用，对于相关的问题，体育教师应该指导学生进行谈论，并且为其答疑解惑等等。

基于 Web 的体育多媒体网络课件，其应用与发展在对高校体育教学手段与高校体育教学方法进行改革与创新的同时，还会在一定程度上影响到体育教育理论的发展与高校体育教学模式的发展。在未来，未来多媒体课件中的一种重要形式就是基于 Web 的体育多媒体网络课件，同时它也将成为网络教学发展的重要资源基础之一。

第二节　高校体育教学中微课的应用

一、微课的概念

（一）微课概念

所谓的微课，主要是指以视频的方式把教师在课堂内外教学活动开展过程中传授的教学环节或者强调的主要知识难点与重点进行展示的新型的一种教学资源。微课具有一些比较显著的特点，即①碎片化；②突出重点；③具备的交互性比较强；④能够反复多次使用。微课作为一种全新的教学模式，能够使学生的碎片化学习活动随时随地的展开。

（二）微课的组成

对于微课而言，其组成内容的核心就是示例片段，也就是课堂教学视频。不仅如此，也有同某个教学主题相对应的辅助性教学资源，例如，素材课件、教学设计、练习测试、教师点评、教学反思和学生反馈等等。在一定的呈现方式和组织关系下，它们共同营造了资源单元应用的“小环境”，而这里所说的资源单元具有的显著特征是主题式的半结构化单元资源，因此，微课同传统单一资源类型的教学资源之间是有一定的差异存在的，主要表现在教学设计、教学课例、教学课件与教学反思等方面，同时，微课与上述的这些教学资源之间存在一定的联系，即微课作为一种新型的教学资源，其发展基础就是上述的这些教学资源。

（三）微课的特点

1. 碎片化

微课视频具有10分钟左右时长，将课程教学过程通过清晰的视频录制的方式进行呈现，一堂传统课堂教学的时间是45分钟，而原有的段状课程在微课的作用下，逐渐向点状课程转变，促进了更加精华、细致课程内容的出现，因此，学生除了课堂的教学的时间以外，还可以利用课外的其他的零散时间，例如，当学生排队等待就餐的时候，可以利用这一小段时间进行学习，所以，微课的显著特点之一就是碎片化。

2. 突出重点

基于学生的学习特点，在微课显著碎片化特点的影响下，对于教师的教学能力，微课也提出了更高的要求。在微课视频的10分钟展示时间内，要求教师将严谨的逻辑性进行体现的同时，还要将课程内容的重点与亮点突显出来，真正地抓住学生的学习重点所在，才能够使学生的学习兴趣得到更好地激发。

3. 较强的师生交互性

微课作为一种新鲜的课堂形式，它的出现在满足学生知识渴求与猎奇心理的同时，还能够有效改善传统教学模式中教学内容单方面输出的情况。在微课教学开展的过程中，教师与学生之间的互动得到一定加强，不仅仅及时收集了学生课程学习的兴趣点，同时，对于学生存在的疑问，教师也能够及时进行回答。这无疑会为教师课程后期的设计提供便利条件，使其能够同现阶段学生的知识渴求得到一定的满足，进一步提升课程的教学效果。

4. 能够反复多次使用的教学资源

在微课的模式下，学生能够按照自身的实际需要，对体育学习活动随时随地的展开，例如，在课程开始之前，学生可以通过微课来预习运动技能、巩固难点和重点、练习课后的动作等等，上述的这些微课学习途径，在进一步提升教学效果的问题上都能够发挥出有效的促进作用，此外，对微课教学模式的使用，还可以使学生课程学习的积极性得到增强。

二、微课在高校体育教学中的应用

由于微课存在碎片化、突出重点、较强的师生交互性与可重复利用教学资源的特征存在，从体育微课的基本设计原则出发，开发质量较高的体育微课，进一步地改善当前高校体育教学的现状，使学生体育运动项目学习的兴趣得到提高，对于体育方法微课的应用要始终去探索，一般来讲，在高校体育教学中，主要会在以下几个方面将高校体育教学中微课的应用体现出来。

（一）微课应用在学生体育需求调研中

鉴于高校体育教学传统模式中同高校体育教学内容间存在的关联，在高校体育教学实践活动正式开始前，体育教师应该按照课程逻辑将高校体育教学内容中的难点与重点都提取出来，同时，还应该同现阶段体育栏目与体育热点新闻相结合，对体育微课进行制作，之后再将已经制作完毕的体育微课利用移动互联网的各种渠道实施学校范围内的广泛传播，通过对微课中学生的点击率与同帖评论内容的考察，体育教师能够有效地评定体育课程内容的合理性，保证体育教师更加深入地了解到学生兴趣与期待，此外。在前期对体育微课进行传播，能够有效地使学生体育学习的积极性得到一定的调动，使学生更加期待即将要学习的新学习内容，使学生的被动学习行为转变向主动学习行为，进而提升学生的体育参与度。

（二）微课应用在体育课程设计中

对于体育微课而言，它不仅补充了传统的高校体育教学模式，还是多媒体时代下高校体育教学发展的必然结果。微课的逐渐出现。使得原本的体育课程设计得到了重新地定义，因此，就需要保证体育课程有理有据，有血有肉。在高校体育教学开展的后期阶段，将以往室内体育理论课与室外实践课分开开展的体育课程设计进行改变，将两者进行融合，同时，对于多媒体时代大数据的时代特征进行考虑，在设计室内理论课的时候，可以以教师和学生的信息数据交流为主，使他们的头脑风暴在体育课程中得到掀起，呈现出更加公平、更加自由的体育课程，此外，在这样的形式下，体育教师的教学思维能够得到更进一步地更新，使学生体育学习的热情得到提升。

（三）微课应用在体育课程教学中

一方面，基于体育时事热点与体育课程的新内容等方面，体育教师能够对新颖的体育新课进行设计，并向微课导入，在体育课堂教学开展的过程中，组织学生集体观看，主要的目的在于吸引学生的注意力，激发他们的体育学习兴趣；另一方面，在高校体育教学实践活动开展的过程中，体育教师可以将复杂动作的教学制作成微课，同时，在体育课堂教学过程中，重复地向学生进行播放，将更加具体、更加直观、更加生动、更加形象的高校体育教学过程呈现出来。

体育教师可以根据新课内容和时事体育热点等方面设计新颖的新课导入微课，在课上给学生观看，目的是为了使学生的注意力得到吸引，使学生的学习兴趣得到激发，另一方面，对于高校体育教学中复杂的教学动作，教师可将其制作成微课，在上课过程中对学生进行重复播放，使高校体育教学过程教学更生动、更直观、更形象、更具体。

（四）微课应用在体育课后辅导中

对于高校体育教学而言，每一节体育课堂教学的时间是45分钟，有限的高校体育教学时间，使教师能够面面俱到地讲授内容，想要实现精细化教学几乎是不可能的，所以，一部分学生不能与教学节奏同步或者是学生不能对其所学运动技能充分掌握的情况必定会出现，所以，当体育课堂教学结束以后，教师可以将包含有高校体育教学重点的微课视频向学生发放，以便于学生能够在课堂结束以后，对于已经学习的技术动作进行练习，对课堂上所学内容进行复习，切实保证温故知新阶段，提升学生的学习效果。

（五）微课应用在体育课程分享中

从本质上来讲，分享就是学习，学生们喜欢在朋友圈中分享一些好的视频课程，对身边的朋友、学生进行感染，使学生的学习圈子得到扩大。因此，我们应该对于一种倡导分享精神的学习共同体进行构建，这样能够保证学习共同体成员间能够互相督促，对有用的体育学习信息进行分享。例如，将微课应用在体育舞蹈教学过程中，在校园内学生可以对已经学习到的且比较感兴趣的体育舞蹈课进行分享，使越来越多热爱体育舞蹈的学生能够及时地对学习资源进行获取、分享，同时，学生还可以对校园内其他兴趣一致的学生进行自发组织，安排大家一起对体育舞蹈微课进行相关学习，保证体育舞蹈社团的更进一步发展得到促进，通过对社团活动的有效组织，例如“快闪”等，使学生的课堂学习以外的生活得到丰富。

第三节　高校体育教学中慕课的应用

一、慕课的概念

（一）授课形式

慕课是一种将在世界各地分布的学习者与授课者通过某一个共同的主体或者话题而联系在一起的方式方法。

几乎所有慕课的授课形式都是通过每一周话题研讨的方式，并且只会将一种大体的时间表提供给授课者与学习者，但是一般来讲，慕课课程都不会对学习者存在特殊的要求，一般会进行说明的内容比较简单，例如，阅读建议、每一周进行一次的问题研讨、每一周进行一次的问题研讨，等等。

（二）主要特点

1. 规模比较大

所谓的规模比较大特点，指的是网络开放的大规模课程，而不是以个人名义对一两门课程进行发布。我们这里所说的网络开放的大规模，通常是指那些参与者发布出来的课程，这些课程一般会被人们称作是大规模的课程或者是大型的课程，慕课的典型形式就是这些课程。

2. 开放的课程

所谓的开放的课程，一般会对创用（CC）协议严格遵守；可以说，开放的课程，就能够被成为慕课。

3. 网络课程

网络课程的相关材料通常在互联网上散步，而不是面对面的课程。此种课程的显著特征就是没有上课地点的特殊要求。例如，如果你想对美国大学的一流课程进行享受，那么不管你处在什么地方，都不需要花费太多的金钱，只要有网络连接与电脑的存在就能够实现。在一篇评论文章中，斯坦福大学校长约翰·L·汉尼希（John L.Hennessy）曾经表达过这样的观点，即由学界大师进行授课的小班学习课程存在的水平依然很高，但是，经过证实，网络课程也是一种能够获得高校成果的学习方式。如果相比于大课的话，结果也是仍旧一样的。

二、慕课在高校体育教学中的应用

（一）高校体育教学中慕课的应用价值分析

自慕课引入我国以来，已经过了很长的一段时间，同时对于此种新式的教学方法许多的学校都开始进行尝试，然而，慕课在高校体育教学方面的应用还是非常的少。实际上，慕课的教学方式在高校体育教学方面也是非常适用的。

随着社会网络的日渐发达，人们每一天都会上网，不管是对网页进行浏览，还是刷微博，我们都必须要承认的是网络在现代人们生活中承担的责任越来越重要，而对于慕课而言，就是对于此种现状进行利用，在学习开展的过程中充分利用网络条件。

除此之外，作为一种学习方式，慕课还具备一定的主动性特征，任何人的监督与强迫都不会对其发生作用，按照自己的个人兴趣爱好，使用者可以选择、学习自己喜欢的运动。同时，慕课所拥有的资源范围是非常广泛的，在高校体育教学开展过程中对慕课进行应用，教师和学生还可以实现对国外高校体育教学资源的分享与使用。

现阶段，学校体育课的开展形式主要是体育教师授课，学生接受学习，即高校体育教学课堂教学中，教师首先进行讲解、示范，之后学生在进行练习。然而，当体育课的准备活动做完以后，由体育教师进行体育技术动作的讲解与示范，但是，一堂体育课的时间已经耗费很多，学生们的练习活动便无法在剩下的时间展开。然而，对于这个问题，慕课就能够很好地进行解决。

当体育课堂教学结束以后，学生在课后就能够自行复习。在体育微课视频中包含真人操作与讲解，能够帮助学生对于白天体育课堂学习的动作进行复习与记忆。尽管高校体育教学时间长达一个半小时左右，学生能够拥有足够的时间去学习、练习体育运动技术，但是，他们只能对每门体育课修习一次，由于基本上每一个学期所要学习的内容都是相同的，但是在学生上会存在差异，不利于一部分学生深入学习、练习的开展。

在高校体育教学中应用慕课的教学方式，不仅能够保证学生深入学习活动的开展，还有利于学生自己掌握学习进度。同时，由于慕课中存在的学习资源是非常丰富的，有利于学生寻找到适宜自己的运动方式。例如，对于一部分学生而言，可能剧烈的运动并不适合他们，所以，他们能够在慕课中对比较适合自己的运动进行寻找，如此一来，不仅能够避免损伤自己身体的情况发生，还能够使体育锻炼的目的顺利实现。

实际上，如今许多家长也比较重视学生的体育锻炼问题，为了保证孩子的健康成长，家长总是喜欢带着孩子从事散步、晨练等体育锻炼活动。然而，需要注意的是，如果人们不能应用健康的方式开展体育锻炼的话，那么在浪费了体育锻炼时间的同时，还会在一定程度上造成身体伤害。如果在高校体育教学中应用慕课的方式，那么在体育运动锻炼的过程中，参考标准的动作，去完成体育锻炼，在这样的情况下，就像是一个专业的私人教练陪在自己身体，并对体育锻炼活动进行正确的指导。

（二）慕课应用在高校体育教学中的未来发展

我国大部分高校应该按照自己学校的特点自行录制慕课视频。同时，在录制慕课视频的时候，可以是多个学校的教师共同参与录制、讨论，然后在对多个优秀的视频中进行选择，并且上传到网上，方面学生们进行观看、下载、学习。由于不同的教师在讲课的风格与方式上也会存在不同，而教师们录制的慕课中包含多个教师的教学课程，那么学生就能够对最适合自己的教师进行选择。此外，这样的方面对于大课参与人数多的情况能够进行避免，还能够有效改善学生听课效果不佳的情况。将慕课应用在高校体育教学中，能够使小班教学的目的得以实现。同时，同一学科由多个教师进行录制，能够使比较与竞争更加容易形成，能够帮助学生对于自己的教学缺点更加仔细的观察，使高校体育教学质量得到一定的提高。因为慕课在高校体育教学中的应用主要以网上教学为主，所谓的监督制度是不存在的，因此，要求学生的自主学习能力是比较强的。在高校体育教学考核的问题上，计算机考核的方式可以不再使用，体育教师组织学生开展网络学习以后，再安排传统方式的考试即可。只有这样才能够使学生通过计算机检测进行作弊的情况能够得到有效避免。此外，还能够对于学生通过慕课进行学习的效果得到检测。需要注意的，对于慕课教学的认识，教师与学生应该摆正。

对于慕课教学而言，并没有对教师完全地解放，例如，在高校体育教学开展的过程中，通过慕课教程开展教学的方式是可取的，然而，如果学生出现一些疑问，也只能是对同一个视频进行观看。因此。教师与学生之间的定期交流应该存在，如此一来，不仅能够使教师和学生之间的感情得到增进，还能够对学生的学习产生一定的帮助。尽管我国对于慕课的应用还处于刚刚开始发展阶段，然而，在现代网络发展的背景下，慕课的发展是一种必然趋势。将慕课应用在高校体育教学中，能够给教师未来教学的开展带来一定的启示，需要注意的是，在使用慕课方式开展高校体育教学的时候，还应该同国内的高校体育教学情况相结合。

例如，在篮球运动课堂教学开展的过程中，不仅仅要对手上的动作进行教学，还要对脚上的动作进行教学，更重要的是还要将两者的教学活动紧密地联系在一起。因此，在制作相关慕课的时候，不仅要将这些动作进行分解，还要有一个规范的整体动作，以便于学生学习活动的开展。查阅相关的文献资料可知，尽管国内已经引入慕课的教学方式，但是慕课在高校体育教学中的应用还不广泛，如果想要对一个体育慕课的完整体系进行构建，那么就需要具备相关的慕课教程。一般来讲，由国外引入的教学资源通常都是外语，存在大量的体育专业名词，导致学生在理解上容易出现困难，面对这样的情况，在制作慕课的时候，可以聘请我国国内优秀的体育教师集合具体的教学情况进行制作。此外，针对制作慕课的情况，还要对一定的标准进行设定，如果慕课没有达到标准，那么就不能够被使用，这对于慕课的进步与发展是非常重要的。

第四节　高校体育教学中翻转课堂的应用

一、翻转课堂的概念

（一）含义

所谓的翻转课堂，词汇来源是英文词汇“Inverted Classroom”或“Flipped Classroom”，通常是指重新地调整教学课堂内外的时间，从本质上来讲，就是学习的决定权不再属于教师，而是由学生掌握学习的主动权。在翻转课堂教学模式的应用过程中，学生能够在课堂中有限的时间内更专注的开展学习活动，对于全球化的挑战、本地化的挑战、现实世界中存在的问题，教师与学生一起研究、解决，使得获得理解的层次更加深入。

在课堂教学开展的过程中，教师不会再耗费大部分的课堂时间去讲授信息，但是在课堂教学结束以后，学生需要自主地去完成这些信息的学习，他们可以利用的方法有：听播客、看视频讲座、对功能强大的电子书进行阅读，或者是通过网络同其他同学互相讨论，综上所述，翻转课堂教学模式应用过程中，不管什么时候，学生都能够对自己所需的材料进行查阅。

此外，教师同每一个学生进行交流的时间也得到了增多。当课堂教学结束以后，学生就能够自主地对学习节奏、学习内容、学习风格与知识呈现的方式进行规划，同时学生的知识需要少不了教师对讲授法与协作法的使用才能够得到满足，使学生能够实现个性化的学习，最终的目的是通过实践活动保证学生学习活动的真实性。

（二）主要特点

在很多年以前，人们就对视频教学的方式进行过研究、探索。最直接的证据是：世界上大部分国家在 20 世纪 50 年代的时候就开展广播电视教育。为什么传统教学模式没有受到当年所做探索的任何影响，而翻转课堂教学模式却被人们广泛关注呢？作者认为是由于“翻转课堂”具有几个明显特点所导致的，对于翻转课堂的特点，作者进行了如下的分析。

1. 教学视频的短小精悍

不管是亚伦·萨姆斯与乔纳森伯尔曼的化学学科教学视频，还是萨尔曼汗的数学辅导视频，很明显存在一个显著的共同点，即教学视频的短小精悍。即便是较长一点的视频也只有十几分钟的时间，而大部分的视频通常只有几分钟的时间。同时，每一个视频存在的针对性都是比较强的，如果能够对某一个特定问题进行针对，那么也就会比较方便我们进行查找；应该尽量在学生注意力比较集中的时间范围内控制视频的时间长度，同学生的身心发展特征相适应；在网络上发布的视频存在回放功能、暂停功能等，能够自己进行控制，使学生的自主学习能够得以顺利实现。

2. 教学信息的明确清晰

在萨尔曼·汗的教学视频中存在一个比较明显的特征，即唯一能够在视频中看到的就是他的手，将一些数学的符号不断地进行书写，并且将整个屏幕慢慢地填满，同时，在书写的同时，还有画外音的配合。对此，萨尔曼·汗自己的观点是，在这样的方式中，同我站在讲台上讲课是不一样的，这样的方式就像将我们聚集在同一张桌子前面，一起学习，在一张纸上写下内容使人感觉贴心。这也是同传统的教学录像相比，翻转课堂教学视频的不同之处。如果在视频中出现了教室中的各种摆设物品，或者是教师的头像，那么就非常容易分散学生的注意力，特别是当学生处于自主学习状态的时候。

3. 重新建构学习流程

学生的学习过程一般会有两个组成阶段，即第一阶段，传递信息，其实现需要教师与学生之间的互动、学生与学生之间的互动；第二阶段，内化吸收，需要学生在课堂教学结束以后自己完成。在学生自己完成的过程中，因为缺少教师的支持与同学的帮助，因此，学生在内化吸收的阶段经常会出现挫败感，使他们丧失掉学习的动机与成就感。

“翻转课堂”的教学模式使学生的学习过程得到重新建构。第一阶段的传递信息，是在课堂教学开始之前由学生完成的，而教师在对视频进行提供的同时，也对在线的辅导进行提供；此外，第二阶段的内外吸收，是在课堂教学开展的过程中，由互动而实现的，对于学生存在的学习困惑与困难，教师应该提前进行了解，同时在课堂教学开展过程中对学生进行有效的指导，而学生与学生之间的互相交流活动，对于学生内化吸收知识的整个过程，还能够起到一定的促进作用。

4. 复习检测的快捷方便

当学生观看完教学视频以后，就会看到视频结尾处出现的几个小问题，通常是四个或五个，能够帮助学生及时检验自己教学内容的学习情况，同时，根据自身的学习情况做出合适的判断。如果对于这几个问题，学生的答案不是很理想，那么学生就应该回放一遍教学视频，对于出现问题的原因仔细思考。同时，通过云平台，将学生回答问题的实际情况及时地进行汇总、分析、处理，使教师对学生学习情况的了解更加客观、全面。教学视频的另一个明显优势，就是能够在经过一段时间的学习以后，方便学生对学习到的知识进行复习与巩固。伴随评价技术的不断发展跟进，使得学生学习的相关环节具有足够的实证性资料支撑，这对于教师真正意义上的了解学生是非常有帮助的。

二、体育翻转课堂的实施策略

（一）做好在线虚拟教学平台的建设

在线虚拟教学平台搭建的主要目的在于为翻转课堂的实施创造前提和基础，这一平台主要包括教学内容上传模块、师生交流与答疑模块、在线测试与评价模块、学习跟踪与监控模块以及学习总结与成果展示模块等。体育教师通过这一平台，就可以将与高校体育教学相关的微视频、PPT、各种音频等教学材料向在线虚拟教学平台上传，还可以借助这一平台实现作业发布、在线测验、监控督促、在线交流、在线评价等；学生则可以通过这一平台进行学习材料下载或在线学习，并同体育教师之间实现及时的交流与沟通。

（二）注重评价机制的创新

翻转课堂教学模式下的高校体育教学评价不能仅限于传统的纸笔测验，评价内容、评价主体、评价标准和评价方法等都应区别于传统教学，否则，翻转课堂的实施就会流于形式。翻转课堂模式下的高校体育教学评价应该把“以评促学”“以评促教”作为评价的主要目的，并将学生的进步程度作为评价的主要指标并注重多元化评价的采用，只有这样，评价才能既有针对性又不失全面性。多元化评价主要表现在评价主体、评价内容、评价方法、评价阶段等方面，紧紧围绕促进学生的学和促进教师的教两个方面，最终将提高教学实效作为评价的主旨。

（三）注重提高体育教师的综合素养

无论何种教育教学改革，教师始终是改革成败的核心与关键。作为信息化社会的产物，翻转课堂不仅仅是一种先进的教学理念，还是一种先进的教学方法，它对体育教师的综合素养提出了较高的要求。体育教师既是在线虚拟教学平台的搭建者、设计者和使用者；又是教学视频等学习资源的开发者和上传者；既是学生学习与实践的组织者、引导者，又是学生学习成果评价的设计者和评价者；既是学生在线学习情况的监控者和督促者，又是教学设计的完善者。

（四）对体育课堂实效进行追求，对避免翻转课堂异化进行避免

翻转课堂作为一个新生的事物，虽然它顺应了信息化社会的时代背景，但还没有形成公认的科学实施模式，各个学科对翻转课堂的研究成果较为丰富，但各类研究也存在很多的不足，综合起来主要表现在以下几个方面。

1. 要对弱化体育教师的作用而过度强调以学生为中心的情况进行避免

翻转课堂模式下，体育教师虽然把课堂讲解与示范的时间让位给了学

生，但这并不代表教师的作用被弱化了，事实上，体育教师的作用变得更加关键，而不是被弱化。课前教学视频的录制和搜集、教学资料的优化与整合、在线虚拟教学平台的建设与管理，课中体育教师的讲解与示范、学生活动的设计与组织，课后学生学习结果的考核与评价、教学方案的优化与修订等，每一项工作都离不开教师的付出。如果对体育教师的作用过度弱化，学生的学习就会失去系统性和效能，高校体育教学最终难逃沦为“放羊式”的结果。

2. 要对忽视学生课前学习的跟踪和监测而高估学生的自主性的情况进行避免

对于翻转课堂教学模式而言，“掌握学习”使其建构的重要基础。翻转课堂的有效实施离不开学生的自主学习性。作为现实社会中的复杂存在，学生在课堂教学开始之前的在线学习中，并不是每一次都能够针对高校体育教学内容进行有效的、自觉的学习。因此，教师有必要对学生进行适当的检测与跟踪，它不仅仅能够对学生的技能学习和知识学习的完成起到督促作用，还能够有效培养学生的自主学习能力。

3. 要对忽视学科的差异而一味借鉴其他学科的经验的情况进行避免

现阶段，对翻转课堂教学模式的相关理论研究成果与实践研究成绩，主要是基于其它学科的基础智商。在体育学科的理论等方面的研究还并不成熟，在对高校体育教学中翻转课堂教学模式的应用进行研究的视乎，我们对于其他学科的实践经验不可避免地要进行借鉴。但是，学科与学科之间的差异是肯定存在的，在其他学科领域比较适用的理论和经验，在体育学科中不一定能够适合使用。因此，在翻转课堂教学模式进行具体实施的时候，我们应该要把握好体育学科本质特点，有选择地吸收、借鉴其他学科的理论与经验，对于生搬硬套的情况要避免发生。

4. 要对偏离翻转课堂的本质而过度追求形式的情况进行避免

实施翻转课堂教学模式的主要目标是在一定程度上提升高校体育教学的时效性，这一点是毫无疑问的。高校体育教学的存在离不开价值的支持与丰富，体育课程教学一种至高境界是对于既正当又有效的高校体育教学进行贯彻，如果过分追求形式而对高校体育教学的效果不够重视的话，那么即便是翻转课堂的教学模式得以实施，也不存在任何的意义。

在高校体育教学改革深入发展的特殊阶段，在广大体育教师积极投身于高校体育教学改革的今天，对于翻转课堂教学模式我们依然应该谨慎地对其缺陷与优势进行审视，尤其是要避免对于偏离翻转课堂的本质而过度追求形式的情况。

参考文献

[1] 曲宗湖，杨文轩 . 学校体育教学探究 [M]. 北京：人民体育出版社，2000.

[2] 李元伟 . 科技与体育：关于新世纪体育科学技术发展问题 [J]. 中国体育科技，2002，38(6)：3-8，19.

[3] 徐本立 . 运动训练学 [M]. 济南：山东教育出版社，1990：228.

[4] 王智慧，王国艳 . 体育科技与体育伦理辨析 [J]. 体育文化导刊，2016(6)：146-148.

[5] 曹庆雷，李小兰 . 前沿科技与体育 [J]. 山东体育科技，2004，26(1)：37-38.

[6] 张朋，阿英嘎 . 科技与体育的对话：利弊述评 [J]. 福建体育科技，2015，34(4)：1-3.

[7] 谢丽 . 从奥运会比赛成绩看运动器材的变化 [J]. 体育文史 (北京)，2000(4)：52-53.

[8] 杜利军 . 奥林匹克运动与现代科学技术 [J]. 中国体育科技，2001(3)：6.

[9] 于涛 . 从哲学角度再认识身体对揭示体育本质的意义 [J]. 上海体育学院学报， 2008 (3) ：18-20.

[10] 张洪潭 . 体育的概念、术语、定义之解说立论 [J]. 西安体育学院学报，2006 (4) ：1-6.

[11] 张庭华 . 走出体育语言：从语言学界的共识看媒体体育语言现象 [J]. 体育文化导刊， 2007 (7) ：50-53.

[12] 黄聚云 . 从哲学角度再认识身体对揭示体育本质的意义 [J].2008 (1) ：1-8.

[13] 于涛 . 体育哲学研究 [M]. 北京：北京体育大学出版社， 2009.

[14] 董文秀 . 体育英语 [M]. 北京：人民体育出版社， 2009.

[15] 卢元镇 . 体育社会学 [M]. 北京：高等教育出版社， 2001：211.

[16] 乔治·维加雷洛 . 从古老的游戏到体育表演 [M]. 北京：中国人民大学出版社， 2007：107.

[17] 郑杭生 . 体育学概论新编 [M]. 北京：中国人民大学出版社， 1987：345.

[18] 周爱光 . 体育本质的逻辑学思考 [J]. 武汉体育学院学报，1999(2)：19-21.

[19] 熊斗寅 ."体育"概念的整体性与本土化思考: 兼与韩丹等同志商榷 [J]. 体育与科学，2004(2)：8-12.

[20] 王春燕，潘绍伟 . 体育为何而存在：20 世纪 80 年代以来我国体育本质研究综述 [J]. 体育文化导刊，2006(7)：46-48.

[21] 宋震昊 . "体育" 本体论 (二): 体育概念批判 [J]. 南京体育学院学报: 社会科学版，2006(3)：1-6.

[22] 胡科，虞重干 . 真义体育的体育争议 [J]. 南京体育学院学报：社会科学版，2010(4)：59-62.

[23] 张军献 . 寻找虚无上位概念: 中国体育本质探索的症结 [J]. 体育学刊，2010(2)：1-7.

[24] 崔颖波 . "寻找虚无的上位概念" 并不是我国体育概念研究的症结：与张军献博士商榷 [J]. 体育学刊，2010(9)：1-4.

[25] 何维民，苏义民 . "体育" 概念的梳理及匡正 [J]. 武汉体育学院学报，2011(3)：5-10.